国际外汇市场关联及其风险传染效应研究

余海华 著

中国科学技术大学出版社

内容简介

本书以21世纪以来发生的金融领域极端事件为背景,在相关理论与已有文献的基础上,运用统计方法和计量模型对国际外汇市场关联效应与关联性风险传染进行了测度研究,并对国际外汇市场关联的驱动机制和风险传染机制进行了实证分析。

本书可供金融统计与风险管理相关研究人员参考使用。

图书在版编目(CIP)数据

国际外汇市场关联及其风险传染效应研究/余海华著.—合肥:中国科学技术大学出版社,2024.2

ISBN 978-7-312-05580-5

Ⅰ.国… Ⅱ.余… Ⅲ.外汇市场—研究—世界 Ⅳ.F831.52

中国国家版本馆CIP数据核字(2023)第012505号

国际外汇市场关联及其风险传染效应研究
GUOJI WAIHUI SHICHANG GUANLIAN JI QI FENGXIAN CHUANRAN XIAOYING YANJIU

出版	中国科学技术大学出版社 安徽省合肥市金寨路96号,230026 http://press.ustc.edu.cn https://zgkxjsdxcbs.tmall.com
印刷	合肥市宏基印刷有限公司
发行	中国科学技术大学出版社
开本	710 mm×1000 mm 1/16
印张	10.5
字数	212千
版次	2024年2月第1版
印次	2024年2月第1次印刷
定价	55.00元

前　言

2008年爆发于美国的次贷危机对国际外汇市场造成了巨大动荡和混乱，世界主要货币汇率受到了不同程度的冲击和影响，随着金融危机的深化和全球经济形势的恶化，进一步触发了部分货币的大幅升值或贬值。而由于人民币锁定一篮子货币中美元所占比例最大，美元的大幅贬值导致人民币大幅升值约12%；受次贷危机的波及影响，欧元区主权债务危机开始爆发和蔓延，使得全球外汇市场的不稳定性进一步加剧。随着时间的推移，次贷危机和欧债危机的跨境传染影响看似已过去，但在2015年年中中国股市暴跌，次年发生了英国脱欧和意大利公投等多起重大政治经济事件，导致国际金融市场出现多次动荡。2017年1月20日，新上任的美国总统施行"逆全球化"的政治经济主张，使得中美贸易摩擦日益加剧；加上全球新冠大流行、俄乌地缘冲突等极端事件，国际贸易和全球金融市场恐慌进一步加大，从而更加激化了全球外汇市场的不稳定性，外汇货币汇率的非正常波动愈发频繁，外汇持有或交易蒙受损失的可能性迅速增加，全球进出口贸易遭受极大冲击，实体经济发展和国际收支平衡的不利局面不断加剧。

这些接连发生的冲击金融领域的极端事件显示出金融市场跨境关联引发的风险传染和溢出效应的常态化、短期化和快速化新特征，使得风险防控和传染监管变得愈发艰难。而外汇市场是金融市场重要的子市场之一，在跨国经济贸易中具有基础性和根本性作用，当国际金融市场发生风险传染和风险累积时，外汇市场首当其冲，各个国家或地区的货币汇率将会大幅波动，严重时会影响国家或地区正常的经济贸易和金融安全。因此，对外汇市场国际关联的风险传染进行有效防控和监管，防止因某一市场危机诱发整体金融危机是全球化形势下一个紧迫的课题，其中，特别是厘清国际外汇市场之间的复杂关联关系和联动效应尤为重要。随着我国经济和金融的开放力度持续加大，人民币汇率制度改革逐渐深入，人民币国际化步伐变得越来越快，资金配置全球化明显提升，我国外汇市场与全球其他外汇市场之间的关联关系必将进一步密切，受到的金融风险跨境传染的概率也将越来越大，加上新常态经济环境下我国经济增速趋缓，一定程度上影响了我国抵御金融风险的能力。

　　鉴于此，本书在参考金融风险管理理论，并对相关文献进行梳理的基础上，综合运用理论分析法和实证分析法对国际外汇市场关联及其风险传染效应进行了较为全面的探究。本书遵循"理论方法—历史现状—实证分析—政策启示"的研究思路，基于极端事件的影响，着力从以下五个主要问题进行探讨：① 国际外汇市场之间存在何种、怎样的关联效应（关系）？② 驱动国际外汇市场关联形成的机制是什么？③ 国际外汇市场之间是否因关联存在显著的风险溢出和风险传染效应？④ 国际外汇市场关联的金融传染机制是怎样进行的？⑤ 基于以上相关研究最终能得到什么样的政策启示？具体研究略述如下：一是通过Pearson系数法与复杂网络理论，构建了合理的国际外汇市场关联的复杂有向网络；二是基于稳健性检验构建了最小生成树和分层结构树来进一步分析外汇市场国际关联的网络关系与结构；三是基于国际外汇市场关联的存在性理论分析和研究假设，构建了影响国际外汇市场关联的驱动作用QAP回归模型；四是通过运用MVMQ-CAViaR模型构建了国际外汇市场关联的风险传染效应测度模型，探究了不同时期内外汇市场风险传染的方向和程度；五是鉴于国际外汇市场之间存在显著的风险传染效应，继续对国际外汇市场的风险传染渠道和机制进行理论分析，在此之后构建了国际外汇市场关联的风险传染机制的面板分位数回归模型，以此明晰外汇市场之间的风险传染影响机制；六是从实证结论出发，对各国（尤其是我国）提出了补充和完善国际外汇市场风险传染管理的建议。

　　本书的出版得到了闽南师范大学学术著作出版专项经费资助，同时本书作为福建省社会科学基金项目（项目批准号：FJ2021BF011）成果、福建省自然科学基金面上项目（项目批准号：2022J01893）成果，得到了两种基金的大力支持，在此一并表示衷心的感谢！

　　此外，特别感谢笔者导师刘小瑜教授一直以来对笔者在科研和教学工作上给予的热忱指导、关怀和帮助！

　　本书仅代表笔者个人学术观点，由于研究水平有限，书中难免出现疏漏之处，在此恳请同行专家、学者及广大读者批评指正，不胜感激！

余海华

2023年6月于漳州

目　　录

前言 ……………………………………………………………………… (i)

第1章　绪论 ……………………………………………………………… (1)
1.1　研究背景与意义 ………………………………………………… (1)
1.1.1　研究背景 …………………………………………………… (1)
1.1.2　研究意义 …………………………………………………… (3)
1.2　文献综述 ………………………………………………………… (4)
1.2.1　外汇市场关联性研究现状 ………………………………… (4)
1.2.2　金融风险传染的研究现状 ………………………………… (6)
1.2.3　研究文献述评 ……………………………………………… (9)
1.3　研究方法与内容 ………………………………………………… (10)
1.3.1　研究方法 …………………………………………………… (10)
1.3.2　研究内容 …………………………………………………… (11)
1.4　研究的创新点与不足 …………………………………………… (14)
1.4.1　可能的创新点 ……………………………………………… (14)
1.4.2　存在的不足 ………………………………………………… (15)

第2章　概念界定与相关理论 …………………………………………… (16)
2.1　概念界定 ………………………………………………………… (16)
2.1.1　外汇市场 …………………………………………………… (16)
2.1.2　外汇市场关联 ……………………………………………… (17)
2.1.3　金融风险传染效应 ………………………………………… (18)
2.2　相关理论 ………………………………………………………… (19)
2.2.1　复杂网络理论 ……………………………………………… (19)
2.2.2　金融风险传染理论 ………………………………………… (22)

第3章　国际外汇市场关联效应的测度分析 …………………………… (27)
3.1　研究方法与样本选择 …………………………………………… (27)
3.1.1　研究方法 …………………………………………………… (27)
3.1.2　样本选择与数据处理 ……………………………………… (30)

3.1.3　初始分析 ·· (33)
　3.2　全样本周期内关联效应测度分析 ······························· (38)
　　　3.2.1　全样本网络的整体结构分析 ······························· (38)
　　　3.2.2　全样本网络的中心性分析 ································· (38)
　　　3.2.3　全样本网络的块模型分析 ································· (42)
　3.3　分阶段子样本内关联效应测度分析 ····························· (45)
　　　3.3.1　分阶段子样本网络的整体结构分析 ························ (46)
　　　3.3.2　分阶段子样本网络的中心性分析 ·························· (47)
　　　3.3.3　分阶段子样本网络的块模型分析 ·························· (55)

第 4 章　国际外汇市场关联的稳健性分析 ·························· (63)
　4.1　研究方法 ·· (63)
　　　4.1.1　最小生成树与分层结构树 ································· (63)
　　　4.1.2　网络拓扑结构的度量指标 ································· (64)
　4.2　关联网络的稳健性分析 ··· (65)
　　　4.2.1　基于最小生成树的稳健性分析 ······························ (65)
　　　4.2.2　基于分层结构树的稳健性分析 ······························ (71)
　4.3　最小生成树网络的拓扑结构数值分析 ··························· (75)
　　　4.3.1　网络的微观结构数值分析 ·································· (75)
　　　4.3.2　网络的宏观结构数值分析 ·································· (77)

第 5 章　国际外汇市场关联的驱动机制分析 ······················· (81)
　5.1　关联的存在性理论与假设 ······································· (81)
　　　5.1.1　存在性理论分析 ·· (81)
　　　5.1.2　研究假设提出 ·· (84)
　5.2　模型确定与研究方法 ·· (88)
　　　5.2.1　模型确定 ·· (88)
　　　5.2.2　研究方法 ·· (89)
　5.3　关联的驱动机制实证分析 ······································· (90)
　　　5.3.1　关联的相关性检验 ··· (90)
　　　5.3.2　关联的驱动回归分析 ······································· (93)

第 6 章　国际外汇市场关联的风险传染效应测度分析 ············ (97)
　6.1　研究方法 ·· (97)
　　　6.1.1　MVMQ-CAViaR 模型 ······································· (98)
　　　6.1.2　MVMQ-CAViaR(1,1) 模型估计 ····························· (99)

6.1.3　脉冲响应函数与动态分位数检验 ·················· (100)
　6.2　全样本周期内外汇市场风险传染效应测度分析 ············· (101)
　　6.2.1　全样本数据的初始分析 ························ (101)
　　6.2.2　全样本外汇市场风险传染效应测度分析 ············· (103)
　6.3　分阶段子样本内外汇市场风险传染效应测度分析 ············ (111)
　　6.3.1　分阶段子样本选择与数据分析 ··················· (111)
　　6.3.2　分阶段子样本外汇市场风险传染效应分析 ············ (112)

第7章　国际外汇市场关联的风险传染机制分析 ················ (128)
　7.1　外汇市场风险传染的渠道与机制分析 ··················· (128)
　　7.1.1　外汇市场风险传染的渠道分析 ··················· (128)
　　7.1.2　外汇市场风险传染机制的理论分析 ················ (131)
　7.2　研究方法与模型设定 ······························ (132)
　　7.2.1　外汇市场风险传染效应的测度 ··················· (132)
　　7.2.2　外汇市场风险传染机制的实证模型 ················ (133)
　7.3　外汇市场风险传染机制的实证分析 ···················· (134)
　　7.3.1　外汇市场风险传染效应的测度分析 ················ (134)
　　7.3.2　外汇市场风险传染机制的实证分析 ················ (137)
　　7.3.2　外汇市场风险传染机制的稳健性检验 ··············· (139)

第8章　结论、启示和展望 ····························· (145)
　8.1　主要结论 ··································· (145)
　8.2　政策启示 ··································· (147)
　8.3　展望 ····································· (149)

参考文献 ······································ (151)

第 1 章 绪　　论

本章首先对本书的研究背景和研究意义进行介绍,其次通过梳理国内外相关研究文献予以评述,并在此基础上提出本书拟采用的相关研究方法、研究目标、思路、框架和技术路线,最后提炼出结论、创新点和不足。

1.1　研究背景与意义

1.1.1　研究背景

随着经济全球化和金融一体化的不断推进,互联网信息、人工智能和大数据等高科技计算机通信技术的迅猛发展,促进了信息的高度融合和快速传播,国际金融市场呈现出显著的协调和联动性特征,彼此之间的关联性日益增大,从而在一定程度上推动了全球各国或地区之间经济和贸易的交流与互动。与此同时,由单个金融市场引发的金融风险在蔓延至全球其他金融市场的过程中,交叉传染和溢出效应也随之发生,当金融风险不断累积和深化时,其在很大程度上会诱发系统性金融危机。

20世纪90年代以来,全球相继爆发了欧洲汇率机制危机、东南亚金融危机、俄罗斯金融危机和巴西金融危机,引发了世界金融恐慌和全球经济衰退。进入21世纪以后,爆发于2008年的全球金融海啸——美国次贷危机,迅速传染到发达经济体的金融市场,而后严重冲击了新兴国家的金融市场直至蔓延全球,这不仅触发了资产价格的大幅暴跌和流动性的剧烈收缩,使得各国或地区的金融体系遭受重创,也令世界各国或地区的实体经济陷入低迷,导致产品需求萎缩和失业率增加,最终造成经济衰退。在美国次贷危机的冲击影响下,冰岛、希腊等欧洲多国也随之陷入了债务危机,甚至濒临"国家破产"的边缘。随着时间的推移,次贷危机和欧债危机国际传染看似已经过去,但在2015年年中中国股市暴跌,以及次年发生的英国脱欧和意大利公投等多起重大政治经济事件,导致国际金融市场又出现多次动荡。2017年1月20日新上任的美国总统施行"逆全球化"的政治经济主张,使得中美贸易摩擦日益加剧,进一步加大了国际贸易和金融市场的恐慌,从而更加激化了市场的不稳定性。这些接连发生的极端事件显示出金融市场国际关联引发的风险传染和溢出效应具有常态化、短期化和快速化的新特征,使得风险防控和传染监管变得日益艰难,同时也为世人敲响了警钟。国际金融市场风险传染和溢出效应从未消失,各国或地区的金融市场都无法独善其身,甚至未来发展形势可能会更加紧迫。

  外汇是一个国家国际货币储备的重要组成部分,也是清偿国际债务的主要支付手段,外汇市场是金融市场的重要子市场之一,在跨国经济贸易中具有基础性和根本性作用。因此,当全球发生金融风险传染和溢出效应时,国际外汇市场首当其冲会受到巨大影响,各个国家或地区的货币汇率将会发生大幅波动,必定会影响国家或地区正常的经济贸易和金融安全。2008年美国次贷危机引发的全球金融危机,对各国或地区外汇市场形成了极大的"连环"波动,造成了外汇市场的巨大动荡和混乱。美元汇率大幅下跌(下降幅度达到12.24%),引发与其关联较大的英镑贬值(名义有效汇率贬值约11%)和欧元升值(名义有效汇率升值约10%);随着危机的深化和全球经济形势的恶化,进一步引发了部分货币的大幅升值或贬值(日元升值幅度达到31%,澳元贬值幅度达到26%),而中国外汇市场因人民币锁定一篮子货币中美元所占比例最大,导致人民币大幅升值(升值约12%);受次贷危机的波及影响,欧元区主权债务危机开始爆发和蔓延,导致全球外汇市场的动荡进一步加剧,从而各国或地区货币的汇率继续发生不同程度的波动变化(欧元对美元大幅贬值约19%,英镑贬值约3%,日元升值约7%)。[1]与此同时,货币汇率的频繁波动增大了汇率风险,外汇持有或交易蒙受损失的可能性迅速增加,全球主要国家的大批金融机构经营陷入困境甚至倒闭,各国或地区的进出口贸易受到了巨大冲击,实体经济发展和国际收支平衡也受到了巨大影响。这直接暴露出绝大多数国家(特别是新兴市场国家)宏观审慎监管的缺失,外汇市场风险传染防控能力偏低。由此引发了对外汇市场如何进行有效监管,防止因某一市场危机诱发整体金融危机的思考,其中,厘清外汇市场之间的复杂关联关系尤为重要。

  我国得益于政府严格的金融管制,即使在自身风险预警意识和管理能力偏低的情况下,金融危机等极端事件对我国外汇市场的负面影响也相对较小。但随着我国经济和金融开放力度的持续加大,人民币汇率制度改革逐渐深入,人民币国际化进程步伐加快,人民币被纳入了特别提款权(SDR)货币篮子,资金全球化配置及运作需求不断上升,我国外汇市场与全球其他外汇市场的关联关系必将进一步密切,受到的国际风险金融传染的概率也将越来越大,加上新常态经济环境下我国经济增速趋缓,在一定程度上影响了我国抵御金融风险的能力。有鉴于此,本书将深入探究国际外汇市场之间的关联关系,分析国际外汇市场关联的金融传染效应和传染机制,以期能对各国(尤其是我国)防控和管理外汇市场风险传染能力的提升有所裨益。

1.1.2 研究意义

本书分别运用复杂网络法、QAP分析法、多元多分位数条件自回归风险价值模型、面板分位数回归模型等方法,对国际外汇市场关联的网络关联关系与结构、外汇市场国际关联的驱动机制、外汇市场关联的风险传染效应及其影响机制等进行探究,并给出相应的政策启示,以期为各国(尤其是我国)监管部门和投资者进行外汇风险管理提供决策参考。

1. 理论意义

基于货币相关性视角,选取全球外汇市场上44个国家或地区的官方货币汇率数据,运用复杂网络理论和QAP分析法分别考察国际外汇市场之间的有向关联关系及其驱动机制,并运用最小生成树和分层结构树对国际外汇市场关联关系进行稳健性检验,从而加深对国际外汇市场关联关系效应的认识和彼此关联驱动机制的理解,并进一步拓宽复杂网络理论和QAP分析法的应用范围和范式。在此基础上,进一步运用多元多分位数条件自回归风险价值(MVMQ-CAViaR)模型去实证分析国际外汇市场之间的金融传染和溢出效应,有助于明晰国际外汇市场风险传染的方向和程度,从而深化现有外汇市场的风险传染理论,拓宽MVMQ-CAViaR模型的应用范围。最后采用面板分位数回归模型解析国际外汇市场风险传染的影响机制,有助于理解和把握外汇市场之间的跨境风险传染机制,在经济全球化和金融一体化的背景下,为防范金融风险在全球外汇市场之间的传染以及对我国推进外汇市场创新开放和减少外部风险冲击影响提供可信的理论依据。

2. 现实意义

将理论分析、研究现状、统计测度及计量实证相结合,以建立国际外汇市场关联网络模型和风险传染效应测度的MVMQ-CAViaR模型为主线,准确度量国际外汇市场之间的关联关系和联动效应,明晰外汇市场国际关联的驱动机制,分析识别外汇市场风险的传染效应和传染机制。这将有助于各国政府管理部门在防范金融风险跨国传染和市场收益率异常波动方面制定有效的政策及应对措施,并进一步完善相应的监管机制;有助于投资者通过分析有代表性的外汇货币之间的关联性来选择合适的资产组合配置,降低投资风险,提高组合收益;有助于理解外汇市场的国际关联关系,提高各国抵御外汇市场风险的能力;同时也有助于提高我国外汇市场的风险管理水平,完善我国金融风险的预警监管机制,在推进人民币汇率改革和加快人民币国际化进程中维护国家金融安全和稳定。研究成果无论对各国监管部门的金融风险防控预警还是投资者的资产配置都具有重要的现实意义。

1.2 文献综述

1.2.1 外汇市场关联性研究现状

复杂网络用于研究系统中个体之间或多个体系之间的关联关系,其中个体或体系在复杂网络中被视为节点,它们之间的相互作用关系在复杂网络中被抽象为连边,该方法已被广泛应用于金融领域的各方面研究,并呈现出蓬勃发展的趋势。Mantegna最早将最小生成树法运用于金融市场中证券市场复杂网络的建模分析,随后大量学者运用最小生成树法来探寻金融市场的复杂关联网络关系和网络拓扑结构特征。[2]外汇市场是金融市场的重要子市场之一,常见的复杂网络建模方法已被广泛应用于全球外汇市场关联关系及其拓扑结构的探究,并涌现出大量相关的研究文献。

1. 基于最小生成树的外汇市场关联网络

Mcdonald等运用最小生成树法对包含大量相互作用的随机过程系统中的全球最大外汇市场进行了网络建模分析,实证研究展现了全球外汇市场的动态关联性,并确定了外汇市场中的主导货币和从属货币,发现了有关国家货币之间存在地理联系。[3]同时,Mizuno等也得到了类似结论,他们基于货币汇率数据构建了外汇市场最小生成树和分层结构树,实证分析表明外汇市场之间表现出联动效应,而且这种联动性与地理区域有关,货币被划分为亚洲与欧洲板块。[4]Jang等选用最小生成树法检验了与货币危机历史相关的1990—2008年外汇市场的关联属性,发现亚洲金融危机期间平均相关系数急剧下降,欧元和美元在1997年之后显示出很强的负相关联性,在亚洲危机和美洲阿根廷危机后美元的中心地位下降了。[5]Wang等提出了基于动态时间弯曲方法与最小生成树法研究了美国次贷危机背景下全球外汇市场之间的互相关联性,发现了在次贷危机期间美元成为全球外汇市场网络的重要中心节点,经历危机之后网络的拓扑结构相对于危机前变得更为稳健,此时新加坡元也成为网络的中心节点之一。[6]Wang等基于DCCA系数法与最小生成树法研究了不同时间尺度下全球外汇市场之间的互相关性,发现全球外汇市场网络在不同时间尺度下呈现出不同的拓扑结构与统计性质,在绝大多数尺度下呈现出无标度特性,且两个相邻时间尺度下的最小生成树网络中绝大多数连接未发生改变,展现出良好的稳健性。[7]Matesanz和Ortega选用Pearson相关系数测验了全球28个外汇市场相关距离矩阵,随后进一步构建和比较了最小生成树和分层结构树,发现亚洲货币危机发生了蔓延,这种危机蔓延是由于先前和稳定的相互依存关系造成的。[8]

2. 基于不同基准货币下的外汇市场关联网络

学者们在对全球外汇市场复杂网络进行讨论时还发现,选择不同的基准货币时,所得到的网络结构也不尽相同。Naylor等选择最小生成树和分层结构树构建了1995—2001年全球44个货币间的外汇市场最小生成树和分层结构树图,通过分别构建使用美元和新西兰币作为基准货币时最小生成树网络发现,亚洲货币在亚洲金融危机时展现出强有力的聚类特征。[9]Kwapień等通过选择不同基础货币构建了不同形式的全球外汇市场加权网络,结果表明不同的基础货币网络具有不同的网络结构,网络结构随时间推移具有不稳定趋势,欧元在全球外汇市场中的作用具有增强趋势,美元的中心性有所降低。[10]Keskin等分别选用美元和里拉作为基准单位研究了2007—2008年34种主要货币间的全球外汇市场网络,发现将美元作为基准货币构建的全球外汇市场网络不易受到金融危机的影响,而将里拉作为基准货币却更易受到金融危机的影响。[11]此外,Kwapień等也进一步对基于不同基准货币的外汇市场关联网络进行了相关研究。[12]

3. 基于平面极大过滤图的外汇市场关联网络

近年来,Yao等基于符号化和粗收益的方法,结合平面极大过滤图,构造出了单币种和多币种的复杂网络,发现人民币汇率波动模式的度分布基本上服从幂律分布,而且度和聚类系数通常服从近似的负相关分布。[13]Wang和Xie采用SJC-Copula法和平面极大过滤图构建了外汇市场(上、下)尾部相关性网络,发现了上尾相关性网络比下尾相关性网络更紧密,两个网络各自呈现出不同的货币派系与社团结构。[14]Cao等基于平面极大过滤图和最小生成树构建了全球54种主要货币间的国际外汇市场网络,表明外汇市场网络在不同的阈值下具有较小的平均路径长度和较大的聚类系数,且整体上表现出较小的世界特征,外汇市场关联紧密。[15]王莹基于小波变换法和平面极大过滤图构建了多频率的全球外汇市场关联网络,表明外汇市场关联网络具有无标度和小世界网络特征,在高频周期上具有的内聚性更高。[16]Mai等基于平面极大过滤图研究了全球外汇市场中汇率波动的相关性,实证分析表明,外汇市场网络中的欧洲和东亚货币模块最为重要且彼此关联度高,美元对外汇市场具有重要的全球影响力、欧元对欧洲各国货币的影响很大。[17]此外,Ortega和Matesanz、Kocakaplan等、Wang等也运用了类似的方法对国际外汇市场网络结构进行了分析。[18-20]

1.2.2 金融风险传染的研究现状

1. 金融风险传染产生原因

在金融风险传染的研究当中,国内外学者对于金融风险传染产生的原因和机理进行了研究。King 认为由于市场信息能够在不同金融市场间有效传递,投资者对资产价格的未来具有较好的预测性,导致资产价格和波动行为在不同金融市场之间更加相似,从而形成了金融风险传染。[21] Allen 和 Gale 认为金融机构存在跨区域经营与交叉持股,使得金融机构在金融市场动荡期间进行清算交叉持股时会引发金融风险向其他地区的传染。[22] 郑庆寰认为美国次贷危机发端于次级贷款市场、增强于次级债券市场、传染到持有次级债券的金融机构、再蔓延到商业银行,进而引发资金流动性严重紧缩,冲击了其他金融市场,最终发现债权债务风险在不同金融机构间的传染关系。[23] 张磊认为宏观经济基本面的关联性为金融风险传染提供了必要条件,加上银行信贷、证券投资和资金流动等在不同金融市场之间存在关联性及投资者非理性行为,导致发生金融风险传染。[24] 张华勇认为金融市场联动性、资产有效配置、投资者的心理及预期、信息技术等分别是金融风险传染发生的基础、重要手段、推动力、加速器。[25]

此外,自布雷顿森林体系解体之后,国际货币危机频繁爆发,学者们基于货币危机理论进行金融风险传染研究,并解释了金融风险传染产生的原因。Connolly 和 Taylor 通过对信贷政策、汇率政策和投机攻击三者之间的关系进行分析,发现在汇率价格波动失稳前会出现经常项目恶化与实际汇率升值的情形。[26] Corsetti 等指出国际借贷风险的增加是由存在于政府和国际金融机构(世界银行、国际货币基金组织等)的隐含贷款担保引起的。[27] Dornbusch 等指出全球货币危机的传播通常与各国之间的商业信用、资本流动及对外直接投资等经济金融联系程度相关,如果金融一体化日益深入,那么某国资产价值在很大程度上会受到另一国资产价值急剧变化的影响。[28]

2. 金融风险传染存在性检验

资产价格相关性是金融风险传染存在性检验分析方法中一种广泛使用的方法。最早用于金融风险传染检验的研究方法是 Pearson 相关系数法,King 和 Wadhwani 首次应用相关系数法研究了 1987 年美国股票市场暴跌的传染性,发现在美国市场暴跌后美国和英国、日本股票市场之间的相关系数显著增加,彼此之间存在传染。[29] Chevapatrakul 和 Tee 又基于相关系数法检验分析了 2007—2009 年存在显著的金融危机传染效应。[30] 叶五一等通过采用局部相关系数法来对金融危机在股指收益序列之间是否发生传染进行了检验,表明彼此之间发生了金融危机传染。[31] 另外,Calvo 和 Reinhart、Forbes 和 Rigobon 等也都运用 Pearson 系数法进行了金融风险传染性检验。[32-33]接着,非线性统计方法和计量模型在金融危机的传染检验中逐渐获得了推广,具体方法模型有向量自回归(VaR)模型、协整检验方法、极值理论、GARCH族类模型、马尔可夫转换模型、格兰杰因果检验模型及Copula方法等。[34]Chiang等选择DCC-GARCH模型检验证实了全球金融市场在亚洲金融危机爆发过程中发生了金融风险传染。[35]Lopes和Nunes选择马尔可夫转换模型检验证实了爆发于1992年的欧洲货币危机在葡萄牙和西班牙之间发生了交叉金融危机传染。[36]李堪选择非参数-MLE估计法对欧洲债务危机是否从希腊向其他国家传染进行了检验分析,研究证实欧债危机传染在希腊与爱尔兰之间显著存在。[37]叶五一等运用时变非参数Copula模型来计算美国股市与其他六个主要股票市场指数的时变尾部相依系数,发现美国对于所有市场均有传染,但传染效应存在差异。[38]万蕤叶和陆静运用相关系数的费雪Z转换法发现了金融危机爆发后,各国货币汇率均出现大幅度震荡,各市场间主要表现为汇率序列相依性,仅少数外汇市场与传染源之间存在传染。[39]

虽然上述非线性方法可以检验金融风险传染的存在性,但是这些方法都无法判断市场之间的传染程度,CoVaR法较好地弥补了上述方法模型存在的不足,目前该方法已被各国金融业应用于金融风险传染的评估。Adrian和Brunnermeier提出用CoVaR法来衡量一个市场或机构存在的潜在风险对系统性金融风险的贡献程度。[40]刘晓星等构建了2002—2010年美国股市对英国、法国、日本、中国内地和中国香港股市的金融风险传染的EVT-Copula-CoVaR模型,发现美国股市对上述五个股市的金融风险传染效应较强。[41]Huang等、Giulio和Tolga-Ergün、Drakos和Kouretas等根据不同的分类视角,运用相同的方法评估了美国金融业及各银行业机构的风险传染效应。[42-44]方立兵等运用SA-CoVaR分析了金砖五国股票市场在平稳期和危机期的系统性危机传染强度,发现在危机期间传染源市场对外围金砖国家市场的风险传染影响不存在明显的不同,而在稳定期间中国股市对外围金砖国家市场的风险传染影响最为显著。[45]Lin等采用CoVaR法检验发现中国台湾地区金融体系受到了金融控股公司更强的金融风险传染。[46]另外,Reboredo和Ugolini、Mensi等也采用了CoVaR法对不同贵金属价格之间、石油报价和股指之间的金融风险传染进行了分析,并得出了金融风险传染存在类似情况。[47-48]

1978年,Koenker和Bassett首次提出了一般线性分位数回归模型。[49]在此基础上,Engle和Manganelli进一步将具有自回归性质的VaR模型与分位数回归模型进行结合,提出了具有自相关性质的条件自回归风险价值(CAViaR)模型,并用来检验测量了金融市场的尾部风险。[50]2015年,White等人在条件自回归风险价值(CAViaR)模型的基础上提出了多元多分位数条件自回归风险价值(MVMQ-CAViaR)模型,不仅解决了不同市场或变量之间的尾部风险传染和溢出效应的测量问题,而且还可以模拟极端风险冲击的动态响应过程。[51]鉴于此,MVMQ-CAViaR模型受到了越来越多学者的关注。郝毅等运用MVMQ-CAViaR模型对人民币在岸与离岸市场间极端风险进行了检验,表明该模型较好地检测出了两个市场之间的极端风险暴露情况。[52]曾裕峰等构建了中国股市和国外主要股市间的MVMQ-CAViaR模型,发现银行板块对证券和保险板块均展现出明显的风险传染效应,而证券板块仅单向接收其他板块的风险溢出。[53]李政等采用MVMQ-CAViaR模型对境内外人民币利率极端风险溢出效应进行了实证检验,分析发现了境内外人民币利率存在极端风险溢出效应。[54]Wu通过构建MVMQ-CAViaR模型发现了股票价格与债券价格之间存在不对称的极端风险溢出效应。[55]Wen等采用MVMQ-CAViaR模型和脉冲响应函数研究了G7集团石油和股票市场之间的风险溢出效应,结果表明,溢出效应的不对称性在其他六种主要股指中存在。[56]刘静一采用MVMQ-CAViaR模型对人民币离岸和在岸市场间的极端风险溢出效应进行了研究,结果表明两个市场之间存在显著的极端风险溢出效应,但溢出水平有限,而且离岸人民币对在岸人民币的溢出效应更加明显。[57]

3. 外汇市场风险传染的影响机制

目前关于外汇市场风险传染及其影响机制的研究,国内外学者主要从风险传染效应的测度和风险传染的影响机制两个方面进行阐述。关于外汇市场风险传染效应测度的相关研究,国内外学者均认为外汇市场风险是金融市场风险的重要组成部分之一,外汇市场风险发生传染、累积、质变到危机爆发是由外部负向冲击和宏观经济基本面综合作用的结果。Keskin等采用分层结构树分析发现了外币对人民币汇率波动风险存在双向影响和交叉影响。[58]梁芹和陆静运用收益分解模型研究发现在2008年美国次贷危机期间,五种SDR篮子货币汇率都出现大幅波动,外汇汇率市场之间发生了显著的风险传染效应。[1]潘雪艳等采用尾指数方法、极值理论和GARCH模型分别对四种主要货币的风险测度进行了比较分析,表明不同方法对不同货币的测度效果不尽相同。[59]万蘺叶和陆静通过相关系数的费雪Z转换,将美国次贷危机和欧债危机发生过程中的外汇市场风险传染分为净传染和转移传染,发现主要国家外汇市场之间在危机期间显著关联,而且不同危机表现出不同的传染效应。[60]方意和贾妍妍运用LASSO-VAR模型构建了G20国家或地区的17个外汇市场之间的风险溢出指数,研究发现外汇市场的风险主要来源于新兴市场国家,而且新冠疫情发生后汇率风险更大。[61]

针对外汇市场风险传染的影响机制研究,相关文献分别从投资者情绪、国际贸易和金融溢出等内在影响机制和跨市场传导、政策实施传导、实体经济传导等外部影响机制进行了解读。由于货币政策独立、资本项目开放和汇率制度选择等政策实施对外汇市场风险存在显著的影响,特别是资本项目开放和汇率制度市场化是各国金融改革开放的必然趋势,所以资本项目开放和汇率制度对外汇市场的影响受到了学术界的广泛关注。Prasad 等认为选择浮动的汇率制度可以增大货币政策的独立性,从而能减轻外部冲击对汇率市场的影响。[62] Erten 和 Ocampo 认为资本账户开放虽然方便了投资者进行资产配置,但是资本可能会出现大规模的流入与流出,使得本币汇率波动性增大、吸引力减小,从而本币发生贬值的压力会增大。[63] 而 Akram 和 Byrn 却持相反观点,认为资本账户开放可以推动金融部门效率的提升,有利于本国产出的增加,使得境外投资者对国内资产的吸引力不断增强,从而有效减轻本币的贬值压力。[64] 程惠芳等运用 Logistic 计量模型实证分析了资本账户开放和汇率制度对货币危机风险的影响,发现选择浮动汇率制度或超级固定汇率制并配以开放程度更高的资本账户,能较好地降低中国货币危机风险。[65] 赵茜探讨了资本账户开放及其与汇率市场化改革的交互效应对中国外汇市场风险的影响,实证表明资本账户开放对人民币升值具有显著推动作用,而汇率市场化改革可以有效减弱资本账户开放带来的人民币升值压力。[66] 此外,Erten 和 Ocampo、蔡彤娟和陈丽雪、何启志等也讨论了汇率制度或资本账户开放对外汇市场风险的影响。[67-69]

1.2.3 研究文献述评

金融市场关联关系与联动效应及金融风险传染一直是学术界十分关注的热点问题。外汇市场作为金融市场的重要组成部分,许多国内外学者将理论研究和实证分析相结合对国际外汇市场关联和金融市场风险传染进行了不同层次的研究,解析了国际外汇市场之间存在复杂关联网络结构和金融风险传染效应。在国际外汇市场关联网络的构建上,最小生成树法因可以通过最简洁的形式展现外汇市场中各货币之间的相关关系而得到了广泛应用。然而,该方法是通过提取强度最大的相关信息来建立关联关系矩阵的,这可能会将一些相对较弱且较重要的关联信息丢失,于是为了克服最小生成树法的不足而相继提出了平面极大过滤图法来构建外汇市场国际关联网络。在金融市场之间的风险传染研究上,学者们对金融传染效应的检验分析分别采用了 Pearson 系数法、非线性方法、条件风险价值模型及多元多分位数条件自回归风险价值模型,实现了对金融风险传染的存在性、方向和程度的度量。同时针对外汇市场的风险传染机制研究,多数文献从资本账户开放和汇率制度选择两个视角来解释外汇市场之间的风险传染。但比较发现上述研究仍然存在一些局限,主要体现在以下几方面:

(1) 当前外汇市场跨国(地区)关联的研究主要采用最小生成树法来构建关联网络,平面极大过滤图也有涉及,但是这些方法属于无向复杂关联网络,不能展现国际外汇市场之间关联关系发出与接收的方向和效应,从而难以准确反映彼此之间关联程度和关联效应传导方向。

（2）当前国际外汇市场关联性研究中构建的复杂关联网络，仅仅是分析了彼此关联网络的拓扑结构特征，尚未对外汇市场国际关联的驱动机制做进一步探究，无法明确国际外汇市场关联的原因和影响关联驱动的作用因素。

（3）在金融风险传染检验和实证分析方面，虽然已出现了 Copula-CoVaR 法、分位数回归法等各具优势的方法，但这些方法或多或少存在些许瑕疵，而笔者拟采用的多元多分位数条件自回归风险价值（MVMQ-CAViaR）模型不仅能更准确度量金融风险传染的方向和程度，还能较为全面地描述极端条件下市场极端风险传染效应和非线性关联关系，从而更有利于从源头控制风险，最为重要的是该方法在外汇市场跨国风险传染效应研究中尚属空白。

（4）现有文献关于外汇市场风险传染的影响多从资本账户开放和汇率制度选择着手，但是资本账户开放和汇率制度选择对外汇市场风险传染影响的研究尚未达成一致性结论，而且多数文献更侧重于探讨这两种因素对单个外汇市场的影响，对于全球多个外汇市场之间的风险传染影响机制研究明显不足。

1.3　研究方法与内容

1.3.1　研究方法

本书以经济学、统计学和金融学等学科为理论基础，拟将文献研究法、定性分析与定量分析法、实证研究与规范研究法、比较分析法等多种方法运用于国际外汇市场关联及其风险传染效应研究中，研究方法的具体运用如下：

1. 文献研究法

通过文献研究法可以搜集现有相关目标研究文献，并进一步对搜集的文献进行识别、归纳、整理和系统分析，以便获得国际外汇市场关联和金融风险传染研究的现状与不足，这是本书开展研究的立足点，并在全书各章中均有体现。

2. 定性分析与定量分析法

在第 5 章中，采用定性分析法对国际外汇市场关联的存在性进行理论分析，在此基础上提出驱动外汇市场国际关联的研究理论假设，为进一步分析关联驱动机制提供理论和现实依据；在第 7 章中，拟定性分析国际外汇市场可能存在的风险传染渠道和外汇市场风险传染的作用机制，从而有助于明晰外汇市场风险国际传染机制。与此同时，在第 3 章至第 7 章中，具体利用复杂网络法、QAP 分析法、MVMQ-CAViaR 模型及面板分位数回归模型与面板混合效应模型，定量分析国际外汇市场的关联关系效应测度、关联稳健性检验、关联的驱动机制、关联性风险的传染效应测度及风险传染的影响机制。

3. 实证研究与规范研究法

实证研究法主要目的在于说明各个解释变量与某一被解释变量之间存在的因果关系。在第 5 章中，拟运用实证研究法来考察分析不同变量因素对国际外汇市场产生关联的驱动作用影响；第 7 章中拟采用面板分位数回归模型实证研究国际外汇市场关联的风险传染影响机制。同时，通过规范研究法利用宏观经济学、金融市场学、金融风险管理学等理论对国际外汇市场关联及其风险传染效应的各种定义、关联驱动机制、关联风险传染效应及影响机制等方面进行经济学解释和分析。

4. 比较分析法

本书在研究中大量运用了比较分析法，在第 3 章、第 4 章、第 6 章的研究中，将整个样本周期按照各种极端事件发展顺序进行了六个时间阶段的划分，实证分析比较了外汇市场国际关联及其风险传染效应在不同时间段的情况，从而有利于发现相应的变化特征及其之间存在的变化趋势；同时第 4 章的实证分析对第 3 章研究的验证也是比较分析法的体现，从而保证了分析结论的稳健性。

1.3.2 研究内容

本书以"测度国际外汇市场关联的复杂网络关系效应，探究外汇市场跨境关联的驱动机制、分析国际外汇市场关联的金融传染效应、阐释国际外汇市场关联的金融传染机制"为研究目标，遵循"理论方法—历史现状—实证分析—政策启示"的研究思路，对外汇市场跨境关联及其风险传染效应进行探索与研究，为各国（尤其是我国）监管部门和投资者进行风险管理和投资决策提供参考建议。研究路径具体为：① 通过 Pearson 系数法与复杂网络理论，构建合理的国际外汇市场关联的复杂有向网络；② 基于稳健性检验构建最小生成树和分层结构树来进一步分析外汇市场的国际关联关系与结构；③ 基于国际外汇市场关联的存在性理论分析和研究假设，构建影响国际外汇市场关联的驱动作用 QAP 回归模型；④ 通过运用 MVMQ-CAViaR 模型构建国际外汇市场关联的风险传染模型，探究不同时期内金融风险传染的方向和程度；⑤ 在理论分析国际外汇市场风险传染的渠道和机制的基础上，运用面板分位数回归模型构建外汇市场关联的风险传染机制实证分析模型；⑥ 从实证结论出发，对各国（尤其是我国）提出补充和完善国际外汇市场风险传染管理的建议。全书研究内容共分 8 章，具体内容框架简述如下：

第 1 章为"绪论"。首先对本书的相关研究背景和意义进行介绍，其次从国际外汇市场关联和金融风险传染两个方面进行文献综述和述评，随后提出本书的研究方法、研究思路、框架安排及技术路线,最后总结出研究成果与贡献。

第2章为"概念界定与相关理论"。首先界定外汇、外汇市场、外汇市场关联和金融风险传染效应等相关概念,然后阐述复杂网络理论的基本概述和基本模型、金融市场复杂网络、金融传染理论。

第3章为"国际外汇市场关联效应的测度分析"。首先对运用的复杂网络建模方法和特征指标进行详细介绍,在此基础上建立国际外汇市场之间的关联复杂有向网络模型,在全样本和分阶段子样本等不同样本周期内测度国际外汇市场之间存在的关联效应(关系),分析关联关系发出与接收的方向和强度,并对各个外汇市场中的国家货币进行块模型分析,揭示国际外汇市场之间在不同样本周期内的联系程度、网络结构和聚集现象。

第4章为"国际外汇市场关联的稳健性分析"。本章基于对第3章研究的稳健性考虑,在详细介绍最小生成树和分层结构树算法及相应度量指标的基础上,构建出国际外汇市场关联的最小生成树网络和分层结构树,进一步分析全样本和分阶段子样本周期内外汇市场中各国或地区外汇市场货币的聚集情况,并与第3章进行比较验证,最后进一步对最小生成树网络的拓扑结构特征进行分析,并最终得出相关分析结论。

第5章为"国际外汇市场关联的驱动机制分析"。首先对国际外汇市场关联的存在性进行理论分析,在此基础上提出七个宏观经济指标与国际外汇市场之间关联关系的理论假设,随后运用QAP分析法构建国际外汇市场关联关系矩阵与七个指标变量差异关系矩阵的关联关系模型,并进行相关性分析和回归性分析,明析国际外汇市场关联的驱动作用的影响因素和机制。

第6章为"国际外汇市场关联的风险传染效应测度分析"。首先对一般线性分位点回归模型、条件自回归风险(CAViaR)模型进行简单引入性阐释,然后详细介绍MVMQ-CAViaR模型及分位数脉冲响应函数、动态分位数检验模型,在此基础上,选择具有代表性的国际货币基金组织SDR篮子货币(美元、日元、欧元、英镑、人民币)作为国际外汇市场风险传染的检验分析对象,考察在全样本周期和六个分阶段子样本周期下的外汇市场国际关联的风险传染效应和非线性关系,最终得出国际外汇市场之间存在的风险传染关系,以明晰外汇市场风险传染的方向和程度。

第7章为"国际外汇市场关联的风险传染机制分析"。首先对国际外汇市场风险传染的渠道和机制进行理论分析,而后以国际外汇市场关联网络的出度值和入度值所表示的风险传染溢出效应和吸收效应进行测度分析,并采用面板分位数回归模型对国际外汇市场关联的风险传染影响机制进行实证分析,最后分别采用滞后一期、分时段及改变回归方法三种措施进行稳健性检验。

第8章为"结论、启示与展望"。首先对全书的主要研究结果进行总结,然后提出一些相应的政策启示,最后对本书在现有研究中存在的不足和未来需进一步探究的问题进行展望。

本书的研究总体结构与技术路线如图 1.1 所示。

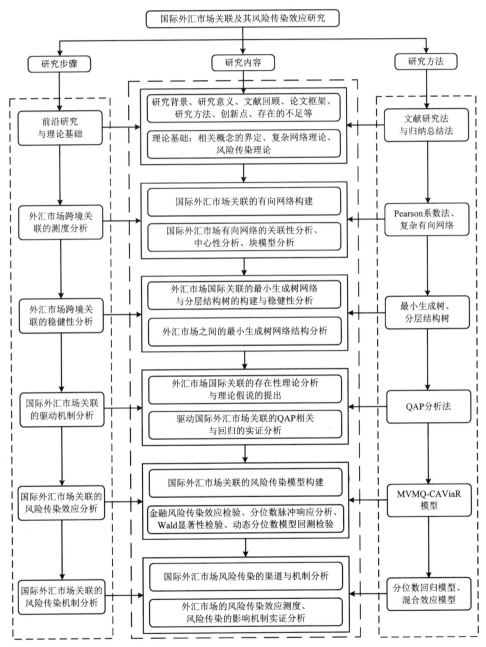

图 1.1 研究总体结构与技术路线图

1.4 研究的创新点与不足

1.4.1 可能的创新点

本书以国际外汇市场为研究对象,分析国际外汇市场关联关系、关联的驱动机制、关联的风险传染效应与机制,与已有同类研究相比,可能的创新点如下:

1. 视角创新

首先,已有国际外汇市场相关性研究基本仅限于关联无向网络结构特征分析,笔者创建了"外汇市场之间的关联有向关系效应测度→稳健性验证→关联驱动机制分析→风险传染效应测度检验→风险传染机制分析"的研究主线,不仅研究了国际外汇市场关联的有向网络关系和结构特征,还研究了外汇市场国际关联的驱动机制和风险传染效应,形成了一套较为严密的逻辑体系。其次,相比以往研究外汇市场选取的样本周期要么仅限于某一时期金融危机、要么时效性相对较弱,本书选取时效性更强的样本周期,时间横跨了次贷危机、欧债危机、中国股灾、三大"黑天鹅"及中美贸易摩擦等金融和经济政治极端事件,并将其划分出相应的六个分阶段子样本,分析了全样本和分阶段子样本下国际外汇市场关联及其风险传染效应。

2. 理论创新

已有研究文献尚未对国际外汇市场关联关系产生的驱动作用因素进行全面和准确的解释,而本书创立了国际外汇市场关联的驱动机制分析体系,以"外汇市场跨境关联的存在性理论分析"为基础,提出了相应的"理论假设",并在此基础上构建了实证回归模型进行"理论假设"的验证分析,得出各国在贸易水平、股市波动、利率变化、技术创新和货币供给等差异驱动着国际外汇市场关联效应的产生,形成了"国际外汇市场关联的驱动机制"研究理论体系。

3. 观点创新

首先,提出了国际外汇市场之间存在显著的复杂关联有向网络关系的观点,从国际外汇市场关联网络的整体结构分析、中心性分析、块模型聚集分析、最小生成树和分层结构树等多个角度论证了国际外汇市场之间存在的关联关系及其演化特征,突破了以往仅用无向网络来分析国际外汇市场关联的局限。其次,通过计量分析得出了人民币发出或接收的关系效应分布具有一定的非对称性,其主要与全球金融中心国家、中东石油国家的外汇市场货币发生联系为主,而且彼此之间存在聚集性的观点,发现了人民币的跨境联系和聚集特征。再次,提出了国际外汇市场之间存在的关联关系是由国际贸易水平、股票市场波动、利率变化、技术创新和货币供给等差异性驱动产生的这一观点,这些驱动变量指标的差异性促进了资本流、资金流和技术流等"流体资源"在国际外汇市场之间发生流动,从而驱动了国际外汇市场关联的产生,补充和完善了国际外汇市场关联联动的分析理论。最后,提出了国际外汇市场在各时间阶段因关联性变化而出现的不同风险传染性观点,用资本账户开放和汇率制度选择解释了外汇市场之间的风险传染影响机制,从而深化了外汇市场跨境关联的风险传染效应研究。

1.4.2 存在的不足

虽然本书在研究中取得了些许成果,但鉴于笔者知识的局限性,尚存一些不足,主要体现在以下几个方面:

1. 实证分析过程中数据样本的控制问题

国际外汇市场是一个庞大的宏观市场,在对其进行关联效应与关联的风险传染效应研究中,由于某一年度或某一时间段内的某些国家货币汇率数据存在不同程度的缺失,所以收集的样本数量有限,代表性稍显欠缺,并且这也或多或少影响了样本的时效性,比如全球新冠大流行和俄乌冲突等的影响没有体现。

2. 实证分析选用的方法模型存在限制

在构建国际外汇市场关联的复杂有向网络中,各个货币汇率序列关联矩阵的二值化处理措施采用的是将矩阵中每行元素的均值设定为阈值,这可能会丢失一些相对较弱的相关性信息,造成关联关系效应的测度准确性略微受到影响。

3. 国际外汇市场间的风险传染机制还可以再完善一些

研究中虽然对国际外汇市场之间的风险传染机制进行了实证分析,但选择核心解释变量和控制变量的局限难以全面阐释国际外汇市场关联的风险传染机制,其他哪些重要因素对外汇市场关联的风险传染起决定性作用有待深入探讨。

第 2 章 概念界定与相关理论

本章主要介绍所涉及的有关国际外汇市场关联及其金融风险传染效应的有关概念，阐述研究中运用的相关理论。

2.1 概念界定

2.1.1 外汇市场

关于"外汇"的表述形式有动态和静态两种，而且外汇最初的概念是指动态外汇，但现代意义上更多地是指静态外汇。[70]动态外汇是指一国货币兑换为另一国货币的运动过程；静态外汇又进一步分为广义和狭义两种形式，其中，所有用外币表示的资产是广义静态外汇，用于国际结算、体现国际支付的外币是狭义静态外汇。

外汇市场是指由全球各个国家或地区的中央银行、外汇银行、外汇经纪人和客户以买卖外汇为目的而形成的交易系统。[58]外汇市场是金融市场的重要组成部分，也可以看作一个复杂的经济系统，与复杂网络的特性具有一定的相似性，具体表现在以下方面[71]：

(1) 外汇市场是一个与外界不断进行信息交流的开放系统。

(2) 外汇市场是由国家政府、跨国银行等金融机构、投资者及消费者组成的规模巨大的市场。

(3) 外汇市场中各个体之间相互联系、互相影响，它们之间存在着复杂的关联关系，从而形成了一个相对有机、联系密切的整体。

(4) 外汇市场具有自组织功能，可以将系统的动态平衡态转变为相对稳定态，平衡系统受到外界的微小扰动也可能会引起自身的稳定性失衡。

(5) 外汇市场还具有显著的非线性、混沌、分形、突变等复杂性特征。

(6) 非理性的投资者在外汇市场交易中起着决定性作用，加上市场信息不对称性和参与者具有不同的风险偏好,使得各自应对风险的处置方式各不相同。

由此可见,全球外汇市场复杂网络系统是由相互联系密切的外汇市场所组成的,并且各国或地区的官方货币是国际外汇市场形成的关键条件。因此,通过对各国或地区的官方货币在汇率收益率序列之间的波动变化走势进行分析,从而能比较全面地认识和理解国际外汇市场的总体变化趋势。考虑到后续研究的方便性,本书对以下术语进行如下界定:

(1) 本节所研究的外汇是指狭义的静态外汇,即限定于各国或地区的官方货币。

(2) 将一国或地区的官方货币来表征相应的外汇市场,即构成国际外汇市场,并通过研究各国货币汇率间的关系来反映国际外汇市场之间的关联关系。

(3) 本书所涉及的外汇市场收益则是指单纯持有一国官方货币的价格(汇率)在处于某个时期内波动时,各国官方货币价格出现上涨就表明相应货币升值,而且持有货币收益表现为正,反之,表现为负。

(4) 将某国的官方货币视为资产,进而货币资产收益就是相应货币的外汇收益,外汇市场收益就是持有期的汇率波动率。

因此,本书的研究是用各国或地区官方货币之间的相互关系来代表国际外汇市场之间的关联关系,并将诸如欧元外汇市场、人民币外汇市场、美元外汇市场、日元外汇市场、英镑外汇市场等分别等同于欧元的外汇市场、中国外汇市场、美国外汇市场、日本外汇市场、英国外汇市场。

2.1.2 外汇市场关联

金融市场相关性包括互相关性和自相关性。其中,互相关性是指两个或两个以上金融实体或变量之间的相关性,可延伸为"交叉相关性";自相关性是指单个金融实体或金融变量的相关性。[72]"联动效应"在经济学范围内最早由 Hirschman 在1985年用来表示具有联动效应的产业或部门,包括生产链上的向前联系和向后联系。后来 Forbes 和 Rigobon、Malevergne 和 Sornette 等将"联动"描述为一种商品与另一种商品之间的价格相对变动的关系现象,并根据资产的描述特征进一步引申到资产价格的收益率联动、波动率联动。[33,73]

本书将"关联"定义为两个及两个以上个体间的互相关关系和联动效应,将"互相关性"和"联动性"统一起来,这样界定既能描述金融实体之间的空间静态联系,又能体现彼此之间随时间而发生的运动状态,更能与描述单个金融实体的自相关性相区别。因此,本书统一采用"关联效应"来研究国际外汇市场之间的关联性、关联关系、互相关联系或联动效应,而且外汇市场关联也仅限于跨国或地区之间的相互关联,即用各国或地区货币汇率收益率的互相关性、联动性来表征国际外汇市场之间的关联效应。

2.1.3 金融风险传染效应

世界银行对"金融风险传染效应"给出了非常严格意义、严格意义和广义三种金融风险传染效应的定义。[74-75]其中,非常严格意义的金融风险传染效应是指在危机阶段金融市场之间的价格波动在相对于平稳时期表现出的关联性显著增加,该定义着重于危机阶段传染机制在不同市场或机构之间发生的变化。Forbes和Rigobon认为金融风险传染效应是指在冲击作用下,一个受到冲击作用的市场会显著增加与之相关的市场之间的关联性,该定义属于非常严格的概念。[33]严格意义的金融风险传染效应是指一个金融市场向其他金融市场的价格波动传递表现出的关联性超越了国家之间的正常时期关联性或基本面关联性,该定义涉及怎么识别基本面因素。广义的金融风险传染效应是指在一个金融市场的价格波动冲击下,引起其他金融市场发生价格波动,即波动溢出效应,该定义强调市场间的关联结构变化关系,这种变化包括关联性的显著上升或下降。

此外,Pericoli和Sbracia基于大量的文献整理对金融风险传染效应给出了最具代表性的五种定义。[76-77]第一,金融风险传染效应是指发生金融危机的国家引发另一国家爆发金融危机的可能性。第二,金融传染效应是指某一国家的资产价格在金融危机期间发生国际传染和波动溢出。第三,无法用基本面因素解释资产价格国际联动引发的金融风险传染效应。第四,金融风险传染效应是指因市场爆发危机而明显增加资产价格在市场之间的联动性。第五,金融风险传染效应是指市场受冲击时,关联市场之间的传染渠道发生变化。上述有关金融风险传染效应的五种定义突出点不尽相同,其中,第一种定义从概率视角来描述金融风险传染效应,第一、第二和第三种定义从跨国视角来描述金融风险传染效应,第二、第三和第四种定义从资产价格视角来描述金融风险传染效应是否发生,第三种和第五种定义从金融风险传染渠道和机制视角来描述金融风险传染效应。

关于金融风险的分类方法有多种,但本书基于关联性视角和上述金融风险传染效应定义,从风险角度构建国际外汇市场关联的金融风险传染统计模型,并从宏观层面实证分析金融危机和极端风险跨境传染的存在性和溢出效应。因此,本书拟将金融风险定义为外汇市场货币汇率收益率的波动,并拟将金融风险传染效应定义为一国外汇市场货币汇率收益率发生波动冲击时,引发另一市场货币汇率收益率发生明显波动溢出的现象,同时国际外汇市场关联性也会随之显著变化。由于金融风险是指基于VaR衡量的资产收益波动损失概率或不确定性风险,当无处不在的风险累积到一定程度时,出现跨市场或跨境的重大市场震荡,造成经济基本面发生恶化而引起金融危机。因此,金融危机是金融风险累积和深化的结果,金融危机传染必定存在金融风险传染。而本书拟选择的全样本周期涵盖了美国次贷危机、欧洲债务危机、中国股灾及其他极端事件,所研究的国际外汇市场风险传染效应既涉及金融危机发生前后的传染效应,也包括极端风险发生前后的传染效应,因而将金融风险传染效应和危机传染效应统一称作为金融风险传染效应,同时将"风险传导效应""价格联动效应""风险溢出效应""波动溢出效应"等学者提出的相关概念也一并归入到金融风险传染效应范畴。

2.2 相关理论

2.2.1 复杂网络理论

复杂网络理论一诞生,随后就得到巨大发展和广泛应用。[78]

1. 复杂网络理论概述

复杂网络理论是为了研究复杂系统而兴起的一种分析方法,该方法最早在18世纪70年代数学家欧拉研究的"Konigsberg 七桥问题"中出现,并通过选择数学抽象法,求解出了不可能实现一次不重复就可以将七座桥全部走遍的答案。欧拉在求解"七桥问题"的过程中形成的抽象思想和论证思想开创了数学中图论的研究序幕,从而奠定了复杂网络理论研究的基础,时至今日图论理论还依然被运用于复杂网络的相关研究。

第一部图论著作于 1936 年出版,直到 20 世纪 60 年代,匈牙利两位数学家(Erdös 和 Rényi)通过将大型网络看作随机图,建立了一套 ER 随机图理论或模型,从而在数学上开创了系统性研究复杂网络的先河,该理论在 20 世纪后 40 年内一直是研究复杂网络的基础。

与此同时,各国学者尝试了如 Milgram 小世界实验来揭示社会网络特征,大量的研究表明,真实网络与随机网络的性质完全不同,发现随机图理论模拟的真实网络存在很多缺点,从而学者们对此开启了新的探索研究。其中,哈佛大学社会心理学家 Stanley Milgram 在 20 世纪 60 年代尝试的小世界实验("六度分离")较为著名,研究发现地球上任意两人之间的平均距离是 6,即仅需通过 5 人就能实现与地球上任何一人发生关联。显而易见,随机图理论还不能对这个实验反映出的人际关系——"小世界"性质进行解释。

20 世纪末,Barabási 和 Albert 无标度网络模型、Watts 和 Strogatz 小世界模型是复杂网络理论最为著名的两项开创性研究,随后掀起了在物理学、生物学等各个学科领域研究复杂网络的热潮,并涌现出了许多新的研究成果,随机图理论在复杂网络研究中长达40年的统治地位也被逐渐打破,从而宣告现代复杂网络理论作为新的学科分支诞生了。

复杂网络研究主要被用来探索系统与个体之间的相互关系及个体共同作用所表现出的整体行为和特征。其中,个体是复杂网络中的节点,个体间的关联联系是复杂网络中的连边,由此可以构建一个相应的复杂网络模型来描述和刻画系统的网络关系和拓扑特征。复杂网络的兴起,特别是 Watts、Strogatz、Barabási、Albert 和 Newman 等学者在复杂网络理论的开创性和前瞻性研究,使其获得了蓬勃发展,并被广泛应用于计算机信息科学、生物学、经济学、金融学、社会学等学科的研究当中,而且出现了大量的研究成果。表2.1给出了对复杂网络理论发展做出巨大贡献的人物及其对应的时间和事件历程。

表 2.1 复杂网络理论的发展历程

科 学 家	研究问题	发生时间
Euler	七桥问题	1736 年
Erdös 和 Rényi	随机图理论	1959 年
Milgram	小世界实验	1967 年
Granovetter	弱连接的强度	1973 年
Watts 和 Strogatz	小世界模型	1998 年
Barabási 和 Albert	无标度网络	1999 年

2. 复杂网络基本模型

在复杂网络理论的发展历程中,出现了不同类型的网络,按照网络中存在的连边是否具有方向,复杂网络能够被划分成有向和无向两类网络;按照网络中存在的连边是否赋予权重,复杂网络能够被划分成加权和无权两类网络;按照网络中存在的连边是否具有连接规则,复杂网络能够被划分成规则、随机、小世界和无标度四类经典网络。表2.2列示了这四种经典网络的结构特征情况。

表 2.2 四种网络模型性质的比较

网 络	度分布类型	平均路径长度	聚类系数
随机网络模型	泊松分布	存在小世界性	无聚类性
无标度网络模型	幂律分布	特征长度不显著	聚类不显著
规则网络模型	均匀分布	存在小世界性,数值最小	最大
小世界网络模型	泊松分布	较短	较高

从表2.2中的网络结构特征来看,规则网络和随机网络是真实世界中非常少

见的两种特殊网络。小世界网络具有较短的平均路径长度和较大的聚类系数,它介于完全规则模型与完全随机模型之间,其中,WS小世界网络模型和NW小世界网络模型最为典型,现实生活中的朋友关系网络可以用小世界网络模型来刻画。将某种具有幂律形式的度分布函数的网络称为无标度网络,其中,BA无标度网络最为典型,它具有以下两个重要特征:一是新的节点更倾向于与那些度大的节点连接,即展现出优先连接性特征;二是网络规模可以不断扩大,即展现出增长性特征。

一般情况下,使用程度中心度、接近中心度和中介中心度等特征指标来描述和刻画复杂网络的结构和特征,表2.3列出了刻画复杂网络的三个中心性度量指标(程度中心度、接近中心度和中介中心度)之间的关系。但是这三个中心度对复杂网络中心性的度量结果差异不大,而且各个中心度在变化方向上具有同向性。因此,笔者在后文具体应用时选择程度中心度来度量分析网络的中心性,并且后文会详细介绍其含义。除了上述复杂网络特征指标外,还有特征路径长度、标准化树长等,后文在应用时也将详细介绍它们的含义。

表2.3 程度中心度、接近中心度和中介中心度的关系

指标	程度中心度低	接近中心度低	中介中心度低
程度中心度高		所嵌入的聚类远离网络的其他点	"自我"的联络人绕过其他的冗余的交往关系
接近中心度高	是与重要人物有关联的关键人物		在网络中可能存在多余途径,自我与很多点都接近,但是其他点与另外一些点也很近
中介中心度高	"自我"的少数关系对于网络流动来说至关重要	此类极少见,意味着"自我"垄断,从少数人指向很多人关系	

3. 外汇市场复杂网络

外汇市场复杂网络是复杂网络理论在外汇市场中的具体应用,主要是通过构建以各国(地区)货币为节点、货币之间的相互关系为连边的关联性网络,以此探究外汇市场的相关关系、联动行为及市场性质。其中,货币之间的相互关系通常采用它们之间的相关系数来表示,即用货币间的相关系数来作为网络连边的权重。但是相关系数可能为负,进而通常将货币间的相关系数矩阵转换成关联距离矩阵,从而保证了连边的权重为正。由于Pearson系数法转换成的距离具有良好的数学性质,分别满足非负性、对称性、三角不等式等欧氏距离的三条公理,因此,一般情况下采用Pearson系数法对货币之间的相关系数进行度量,而后转换成彼此之间的关联距离,最后进行外汇市场关联网络的构建。外汇市场复杂网络常见的构建方法有最小生成树法、平面极大过滤图法。

（1）最小生成树法（MST）

Mantegna(1999)最早将最小生成树法应用于金融市场的交叉相关性研究,从而开创了金融市场应用复杂网络理论的先河[2]。最小生成树是由 N 个节点、$N-1$ 条边相互连接而成的无回路树状结构,树中所有连边的权重总和最小。在图论中,给定任意一个用 $G=(V,E)$ 表示的加权连通图,其中,节点和连边的集合分别用 V 和 E 表示,节点 x 与节点 y 之间的连边用 (x,y) 表示,则 $w(x,y)$ 表示某一连边的权重。若存在一个无循环图 T 且为 E 的任意子集,使得 $w(T)$ 最小,则 T 为 G 的最小生成树。最小生成树的具体构建步骤如下[79-80]：

第一,计算任意两两货币汇率间的相关系数,得到相应的相关系数矩阵。

第二,将相关系数矩阵转换成相应的相关距离矩阵。

第三,运用 Prim 算法和 Kruskal 算法构建相应的外汇市场最小生成树。

实际上,最小生成树就是最小权重生成树,通常选用 Prim 算法和 Kruskal 算法来构建最小生成树网络。相比于 Prim 算法,Kruskal 算法在构建最小生成树时效率更为高效,该算法是通过子图的一系列扩展来实现建模的,在算法运算中图可能是非连通的。本书采用 Kruskal 算法构建最小生成树。

（2）平面极大限度过滤图法（PMFG）

2005 年,Tumminello 等人在《美国科学院院报》上首次提出了平面极大限度过滤图法,该方法的构建原理与最小生成树法相似,而且相比于最小生成树,平面极大过滤图在保留原有最小生成树的网络特征基础上最大限度地提取了节点之间的相关性信息。[81]平面极大过滤图与最小生成树之间的区别如下[82-84]：

第一,对新加入的连边具有不同的约束条件。最小生成树加入新边后的树图仍为无回路图,而平面极大过滤图弱化了约束条件,只要求加入新边后的图为可用平面图,即全部边互补交叉地位于同一平面内。

第二,各自具有不同数量的连边。最小生成树是由 N 个节点、$N-1$ 条连边构成的无回路连通树,而平面极大过滤图是由 N 个节点、不多于 $3(N-2)$ 条连边构成的平面图。

此外,由于平面极大过滤图对新加入的连边具有宽松的约束条件,所以平面极大过滤图含有 3 派系和 4 派系。派系是指任意节点之间可以互相连接成一个完全子图。因此,平面极大过滤图比最小生成树具有更多的连边及更复杂的拓扑结构,而且其对信息的处理也会更加困难和复杂。

2.2.2 金融风险传染理论

1. 货币危机模型

货币危机主要是指由汇率波动导致的极端风险引发的危机,一般表现为固定汇率制度失灵引发的不正常波动甚至崩溃、本国货币利率大幅度增加、国家外汇储备剧烈减少等现象，也是金融风险发生的一种形式。自20世纪70年代以来，全球范围内开始陆续出现货币危机，引起了学界许多学者的关注和反思，进而推动了金融危机理论的深入发展，当前已形成了三代货币危机模型。[85]

拉美地区发展中国家在20世纪80年代金融市场金融风险频繁暴露，进而引发了严重的区域性甚至世界性货币危机。Krugman根据拉美地区发展中国家爆发的货币危机的特征和现象，提出了第一代货币危机模型[86]。然而，Obstfeld等针对第一代货币危机模型无法对1992年爆发的欧洲货币危机产生的原因进行解释，提出了第二代货币危机模型。[87]后来，学者们又针对前两代货币危机理论模型无法解释1998年爆发的亚洲金融危机，再次提出了第三代货币危机模型，而且该模型强调了道德风险的核心作用。由此可见，每一代货币危机模型都是在新一轮货币危机爆发传染的基础上提出来的。

第一代货币危机模型的核心观点是强调政府扩张性的宏观经济政策和稳定的汇率制度之间的矛盾是货币危机爆发的根本原因。在扩张性经济政策刺激的背景下，中央银行需要通过增加货币供给来向市场提供资金支持刺激经济，造成本币供应量增加，从而加剧了本币贬值和外币升值的压力。为了防止外汇投机抛售本币和购买外币造成汇率的崩溃，中央银行只能通过消耗外汇储备购买本币来对外汇市场进行干预，以实现外汇市场的内外平衡。当外汇储备消耗殆尽时，固定汇率制度就会瓦解，引起货币危机的爆发。总之，第一代货币危机模型将拉美地区发展中国家货币危机爆发的原因仅仅归结为国内货币政策等因素的作用及政府对经济基本面的忽视，缺乏财政政策的调节手段，仅用本国因素来解释货币危机的成因，忽略了对金融危机跨国传染的解释。

第二代货币危机模型是因无法解释1992年欧洲货币危机爆发的原因而提出了多重均衡模型。该模型是通过公众对货币贬值的预期解释的，当预期货币贬值时，为了抵御投资者蓄意投机冲击而引发的货币贬值，政府会对外汇市场进行干预或者采取货币政策提高利率来降低市场预期，进而实现维持汇率稳定的目标，但政府在维持固定汇率时会增加相应成本，如果采取提高货币利率的政策也无法降低公众对货币贬值的预期，政府会继续采取提高利率的措施，循环往复，直至最终引发货币危机。由此可以看出，政府和投资者之间的博弈结果可能是"好的均衡"或"坏的均衡"，但是难以判断，从而导致"多重均衡"成为常态。

第一代和第二代货币危机模型都是基于宏观视角来对货币危机产生的原因进行解释的，而第三代货币危机模型将研究视角聚焦于金融中介和资产价格等微观层面，强调金融中介的作用，该模型将货币危机产生的主要原因归结为金融中介扩张、金融管制放松、资产泡沫等，形成了包括"道德风险论""基本因素论"和"金融恐慌论"等危机理论模型。道德风险论是指政府为投资者提供的第三方隐性或显性担保促使企业或金融机构进行过度的高风险投资,造成巨额坏账和严重的资产泡沫,如果到期坏账无法偿付或者资产泡沫破裂,就会引起公众对金融机构产生丧失信心和偿付危机,从而引发货币危机的爆发。基本因素论是指由于一国经济基本面因素的恶化,造成外部不平衡(如经常项目赤字、本币贬值等)和内部不平衡(如金融体系的脆弱性、较低的外汇储备等),从而引发货币危机。金融恐慌论是指在危机爆发前,外资以较短时间快速流出该国市场,当危机爆发后,金融市场中弥漫的恐慌情绪不断升级,造成资本加速外逃、投资者信心严重受挫、银行挤兑加剧,进而使得银行资本流动性失衡,导致国家经济和金融在短期内遭受巨大的冲击甚至崩溃。

总而言之,货币危机理论解释了开放经济环境下市场预期、汇率风险、信用扩张、资本流动等对一国经济金融的影响,揭示了金融风险产生的原因,表明经济金融环境的好坏很可能对金融市场关联、国际贸易和非理性预期产生重要的影响,进而降低了抵御国际市场金融风险传染的能力,从而将会遭受金融风险传染效应的冲击。

2. 国际贸易关联

国际贸易关联金融传染是指将国际贸易联系作为金融风险传染的基础渠道,通过贸易渠道把金融风险或危机传递至贸易伙伴国或贸易竞争国,进而使得该国经济和金融遭受损失和冲击。在国际经济贸易活动中,贸易关联方之间必然存在相互联动和长期影响,当一国宏观经济恶化时,必然会导致该国消费疲软和购买力减退,进而会减少进口产品的需求,使得靠产品出口的贸易相关国的正常生产受到不利影响,造成出口国家的产品在短期内严重滞销和大量积压。[88]因此,一国爆发的经济危机或极端金融风险会对贸易关联出口国的经济基本面产生不利影响,削弱出口国抵御风险的能力,使之更易受到金融投机的冲击,从而非常容易导致区域性甚至跨国性金融危机。Eichengreen 等研究发现在相似的经济背景下金融风险更易在国际贸易关联密切的国家间发生传染,并认为贸易紧密性在促进金融风险传染上的作用超过了宏观经济的相似性。[89]

金融风险跨国传染时常伴随着国际贸易的交易而发生,当贸易关联双方在进行进出口商品交易时,彼此之间会发生资金或资产的流动,随着两国之间的经贸联系日益加强,彼此之间的经济和金融联系会进一步深化,进而相伴随的金融风险也会不断地发生传染。但是国际贸易的正常交易耗时较长,进而潜伏在国际经贸交易过程中的金融风险需要一定的反应时间才能发生相互传染。因此,通过国际贸易关联引发的金融风险传染需要较长时间,发生作用相对缓慢,总体表现为金融风险传染的长期相关性。

3. 行为金融理论

行为金融理论认为金融资产价格是众多投资者在基于市场信息客观分析的理

性基础上,通过对投资行为进行信息判断后做出的综合反映。按照投资者对市场信息是否掌握,可以将投资者划分为有信息和无信息两类。其中,无信息的投资者如果对金融市场波动的真实原因不能准确地进行判断,在对具有某种同类性质的金融资产进行主观分析时,无法准确地根据金融资产的行情变化进行相应的交易行为。而当主观分析与市场真实情况发生偏差时,在整个行业、市场及市场之间都可能会发生金融风险传染。有信息的投资者利用获知的确切信息来进行理性投资,进而将投资收益最大化,但是自信的投资者反而可能会过度自信,从而在准确判断资产价值时也可能产生偏差。此外,在示范效应和博弈均衡的双重影响下,投资者因为"羊群效应"心理产生的投资行为,可能会进一步加剧金融市场的动荡。

金融风险净传染理论将上述观点做了进一步深化,该理论认为金融风险传染是由投资者的不同预期造成的,因为投资者对掌握的信息及其对相关信息的理解和处理能力存在差异,误判信息就可能发生,进而投资者有可能会进一步强化这种误判,如此往复,使得恐慌情绪会首先在单个市场中逐渐蔓延,最后扩散到整个金融系统。

行为金融理论揭示了金融风险传染的直接原因是投资者的交易行为,这种交易行为具有趋同性,不同市场的投资者在获取了相似的信息后,其做出的交易决策行为也会基本相同,进而形成了趋同的群体交易,导致不同市场之间的波动具有某种关联关系。同时,投资者受价值判断偏误、注意力有限、获取的信息不对称以及从众心理等因素影响,所做出的非理性交易行为可能从市场的局部扩展到整个市场。然后,这种非理性预期交易行为对金融风险传染的影响是短期的,一旦市场中的投资者恢复理性做出正确的交易行为,金融市场波动就会趋于平稳。因此,这种由投资者交易行为引起的跨国金融风险传染具有相对迅速、时滞较短、调整程度较弱的特征,从而属于短期的净传染。

4. 金融市场关联

金融风险跨国传染往往与金融市场之间的关联性存在显著的紧密关系。张华勇研究发现在金融一体化和自由化地深入发展背景下,多市场交易、企业交叉上市、跨市场金融产品以及金融业混业经营等现象日益增多,市场壁垒逐渐被打破,使得市场交易资金可以有效流动,从而金融市场之间呈现出的关联性越来越紧密。[25]同时,Goldfajn也将金融风险传导的重要原因归结为市场之间存在的高度联动性。[90]如果金融市场之间处于完全分割状态,进而彼此之间缺乏有效的关联性,那么发生在金融市场之间的资金流动和信息传递就无法迅速完成,从而金融风险的跨市场传染就基本不会发生。而现实生活中的金融市场之间始终存在着不同程度的关联性,并非处于完全割裂状态,金融风险必定会在市场间发生传染和溢出,进而发生金融风险跨国传染。

根据金融市场关联的多样复杂表现形式,投资者的交易行为会发生相应变化,金融风险会呈现出不同的特征。跨国金融传染的时滞长短取决于金融市场关联的具体形式,当两国之间的金融联系以银行长期借贷或股权联系为主时,金融风险传染需要较长时间呈现;而当两国之间的游资往来频繁时,金融风险传染也可以在较短的时间内发生。

本 章 小 结

本章分别从国际外汇市场之间的关联性与金融风险传染的概念界定和相关理论两方面建立了本书研究的理论基础。在相关概念的界定方面,本书对外汇、外汇市场、关联性、外汇市场关联性及金融风险传染效应等概念分别进行了定义和界定,选择基于国家或地区货币相关性的视角来对国际外汇市场之间的关联性及金融风险传染进行研究。在相关理论方面,先介绍了复杂网络理论的概念、基本类型、基本属性及其在金融市场中构建的常用网络类型,从而为国际外汇市场关联的研究打下方法论基础;然后分别从货币危机模型、国际贸易关联性、行为金融理论以及金融市场关联性四个方面介绍金融风险传染的理论基础,为国际外汇市场关联的风险传染和溢出效应研究提供了理论支撑。

第3章 国际外汇市场关联效应的测度分析

2008年爆发于美国的次贷危机引发了全球性金融危机,这给出的重要警示是各国政府缺乏对金融风险国际传染进行有效监管,金融跨国或地区的关联联系已成为金融风险传染信息缺口的重要方面。在经济全球化和金融一体化的背景下,国际金融市场的协调和关联程度日益提高,当全球各个国家的经济出现较大波动时,全球经济可能会在极短时间内遭受巨大冲击,金融业也会出现剧烈动荡。当前,国际上关于关联关系和联动效应的研究还不够深入,对关联联系方向和程度的测度缺乏有效方法和工具,而外汇市场作为金融市场的重要组成部分,对外汇市场之间存在的跨国关联联系尚未进行系统研究。因此,本章运用复杂网络分析法对外汇市场的跨国关联效应进行测度和分析。

3.1 研究方法与样本选择

3.1.1 研究方法

1. 关联关系的识别方法

首先基于 Pearson 相关系数法来测算各个外汇市场货币之间的相关系数,而后转换成彼此之间的关联距离,从而识别和确定各个外汇市场在关联网络中的关联关系。[91-93]

令序列

$$X_m(t) = [X_m(1), X_m(2), \cdots, X_m(t)]$$

和

$$X_n(t) = [X_n(1), X_n(2), \cdots, X_n(t)]$$

其分别表示节点 m 和 n 在时间 t 的时间序列,节点 m、n 分别表示不同的样本货币,t 表示时间频率,则两两货币汇率序列之间的相关系数可以用如下公式表示:

$$C_{mn} = \frac{|\boldsymbol{X}_m \cdot \boldsymbol{X}_n| - |\boldsymbol{X}_m| \cdot |\boldsymbol{X}_n|}{\sqrt{(\boldsymbol{X}_m^2 - |\boldsymbol{X}_m|^2)(\boldsymbol{X}_n^2 - |\boldsymbol{X}_n|^2)}} \quad (3\text{-}1)$$

式中，C_{mn} 为两个时间序列向量 $\boldsymbol{X}_m$ 与 $\boldsymbol{X}_n$ 的相关系数，$|\boldsymbol{X}_m|$ 为 $\boldsymbol{X}_m$ 的期望值。

记

$$Y_m = \frac{\boldsymbol{X}_m - |\boldsymbol{X}_m|}{\sqrt{|\boldsymbol{X}_m^2| - |\boldsymbol{X}_m|^2}} \quad (3\text{-}2)$$

则向量 $\boldsymbol{Y}_m$ 与 $\boldsymbol{Y}_n$ 之间的欧氏距离 D_{mn} 可由毕达哥拉斯关系得到：

$$D_{mn}^2 = \|\boldsymbol{Y}_m - \boldsymbol{Y}_n\|^2 = \sum_{k=1}^{t}(Y_{mk} - Y_{nk})^2 \quad (3\text{-}3)$$

由式(3-2)可知，该向量的长度为1，则有

$$D_{mn}^2 = \sum_{k=1}^{t}(Y_{mk}^2 + Y_{nk}^2 - 2Y_{mk} \cdot Y_{nk}) = 2 - 2\sum_{k=1}^{t} Y_{mk} \cdot Y_{nk} \quad (3\text{-}4)$$

而 C_{mn} 与式 $\sum Y_{mk} \cdot Y_{nk}$ 一致，由此可得货币 m 与货币 n 之间的距离公式如下：

$$D_{mn} = \sqrt{2(1 - C_{mn})} \quad (3\text{-}5)$$

式中，D_{mn} 为各货币之间的关联距离，可以验证其满足欧氏距离测度的度量公理，即满足对称性、非负性和三角不等式。

根据式(3-5)可以构建货币之间的关联距离矩阵 $\boldsymbol{D}$，而相关系数 C_{mn} 的取值范围为 $[-1,1]$，因此，距离矩阵 $\boldsymbol{D}$ 中两两货币之间的距离 D_{mn} 的值域为 $[0,2]$。两两货币之间的相关系数越大，则它们之间的距离就越小，说明它们之间的关联性越高、发展变化越趋同。当两两货币之间的距离 $D_{mn} = 0$ 时，表明两个货币之间的关联性最高。一般地，不同货币之间关联强弱也可以用如下相关距离的倒数来表示：

$$J_{mn} = \frac{1}{D_{mn}} \quad (3\text{-}6)$$

式中，J_{mn} 为货币 m 与货币 n 之间的关联强度。由 J_{mn} 构成的强度矩阵 $\boldsymbol{J}(m,n) = (J_{mn})_{N \times N}$ 可以用来表示货币之间关联的网络矩阵。网络矩阵 $\boldsymbol{J}(m,n)$ 中各货币之间的关联强度认定了国际外汇市场关联网络的连边，各个货币就是关联网络中的节点，将这些节点用线段(各个节点之间的距离)进行连接就可形成有向关联网络。为了保持关联网络整体分析的准确性，需要设定阈值来对关联强度矩阵中的每个元素进行二值化处理，通常情况下，将关联强度矩阵中每行元素的均值设定为阈值，具体二值化方法如下：

$$\overline{\boldsymbol{J}(m,n)} = \begin{cases} 1, & J_{mn} \geqslant \sum_{n=1}^{N} J_m/N \\ 0, & J_{mn} < \sum_{n=1}^{N} J_m/N \end{cases} \quad (3\text{-}7)$$

式中，J_m 为矩阵中每行元素的数值，N 为元素的个数。

2. 关联网络结构特征

根据上述方法可以构建出复杂有向网络,通常选用网络密度、网络关联性和网络中心性等指标来分析有向网络结构。[91-97]

(1) 网络密度

网络密度是描述和刻画网络中各节点之间联系紧密的特征指标。复杂有向关联网络的整体密度可用下式表示:

$$YD = \frac{M}{N-1} \tag{3-8}$$

式中,M 为有向网络中实际的关联系数;N 为节点数;YD 为有向网络密度,其取值在[0,1]范围,该值越大(越接近1)、网络中节点之间联系越多、网络关联越紧密,该值越小(越接近0)、网络关联越疏松。

(2) 网络关联性

关联性一般用来表现网络的节点平等性、权力集中度及稳健性等。如果两两节点之间的可达路径越多,那么表明网络具有的关联性越好、相应的关联度越高;反之,网络关联性越差、关联度越低。关联度的计算公式如下:

$$NC = 1 - \frac{F}{N(N-1)/2} \tag{3-9}$$

式中,F 为网络中不可达的点对数;N 为节点数;NC 为关联度,其取值在[0,1]范围,该值越大(越接近1)、其关联性越好,该值越小(越接近0)、其关联性越差。

在有向网络中,网络等级度是用来描述网络中节点之间非对称可达的程度,等级度计算公式如下:

$$NH = 1 - \frac{K}{\max(K)} \tag{3-10}$$

式中,K 为网络中对称可达的点对数;$\max(K)$ 为节点 m 可达 n 或节点 n 可达 m 的点对数;NH 为网络等级度,其取值在[0,1]范围,该值越大(越接近1)、网络等级结构越明显,反之,网络的等级结构越不明显。

在确定已有网络中全部节点个数的基础上,一般用网络效率来衡量网络中关联节点之间连边的冗余情况,网络效率计算公式如下:

$$NE = \frac{R}{\max(R)} \tag{3-11}$$

式中,R 为多余的关联数;$\max(R)$ 为最大可能多余的关联数;NE 为网络效率,取值在[0,1]范围,其值越大(越接近1)、节点之间的联系越疏松、关联网络稳定性越差,反之,关联网络稳定性越好。

(3) 网络中心性

中心性用来描述和刻画网络中每个节点所处的地位和作用,象征着节点的权力或等级。根据 Freeman 等对网络中节点的权力研究,通常选用程度中心度来衡量关联网络中某节点和其他节点直接发生相连的节点数,而且对于有向网络图,节点程度中心度还可进一步分为点出度(发出关联关系,表现为受损)与点入度(接收关联关系,表现为受益),其计算公式如下:

$$\text{NDC} = \frac{n}{N-1} \tag{3-12}$$

式中,n 表示与某个节点直接相连接的其他节点个数,$N-1$ 表示与某个节点直接相连节点的最大个数;NDC 为程度中心度,节点程度中心度越大,表示该节点位于网络中的权力或等级越高、中心位置越明显,象征着该节点所具有的"权力"和影响力也越大。

3. 块模型分析

块模型的构建根据一定的准则对网络中的所有节点进行分类,先将各个节点分到相应板块,每一板块所包含的节点都具有结构的对等性,之后视分块具体情况,对板块内部关系特征及各板块在网络中的位置、作用和角色进行分析[92-98]。一般地,板块的划分类型有以下四种:① 主受益板块,该板块成员内部联系比例高,与外部板块成员的联系比例低,极端情况下,板块内部与外部的关联关系数为零;② 中间人板块,该板块是其他板块之间相互联系的"桥梁",该板块内部成员之间的联系比较少,与外部成员的联系比较多,既向板块外部成员发出联系,又接收板块外部成员发出的联系;③ 双向溢出板块,该板块成员对板块内成员与板块外部成员均发出比较多的联系,但是接收板块外部成员发出的联系比较少;④ 净溢出板块,该板块成员向板块外部成员发出的联系比较多,但对板块内部成员发出的联系比较少,并且接收板块外部成员发出的联系也比较少。

3.1.2 样本选择与数据处理

1. 样本选择与数据来源

为了研究国际外汇市场之间的关联效应,本书着重从数据的可获得性和研究范围的代表性及广泛性来进行数据样本的选择,鉴于外汇市场是一个宏观概念,在对国际外汇市场关联性进行具体研究时,一般用各国或地区的货币代表所研究的外汇市场变量,所选货币样本是由国际外汇市场中最具代表性的 44 个官方货币组成,用以综合反映国际外汇市场的整体关联变化情况。所选 44 个货币样本基本都是从发达市场和新兴市场的国家或地区中挑选的,他们的经济发展水平较高,市场流动性较好,开放程度较高,同时各个货币国家之间建有不同类型的区域经贸组织,国际贸易联系较为紧密,具有良好的市场广泛性和代表性,能够较准确地反映国际外汇市场的表现形式和组织状况,其汇率序列也能较为客观地反映外汇市场之间的关联性。因此,本书选择的货币样本对于国际外汇市场关联性研究更具有普遍意义,具体货币名称、符号及编号见表 3.1。

第3章 国际外汇市场关联效应的测度分析

表3.1 国际外汇市场中各国或地区的货币名称及代码

编号	货币名称	货币符号	编号	货币名称	货币符号
1	中国人民币	CNY	23	科威特第纳尔	KWD
2	欧元区欧元	EUR	24	伊朗里亚尔	IRR
3	日本日元	JPY	25	马来西亚吉特	MYR
4	英国英镑	GBP	26	毛里求斯卢比	MUR
5	美国美元	USD	27	墨西哥比索	MXN
6	澳大利亚元	AUD	28	尼泊尔卢比	NPR
7	巴林第纳尔	BHD	29	新西兰元	NZD
8	博茨瓦纳普拉	BWP	30	挪威克朗	NOK
9	巴西雷亚尔	BRL	31	阿曼里亚尔	OMR
10	文莱元	BND	32	巴基斯坦卢比	PKR
11	加拿大元	CAD	33	波兰兹罗提	PLN
12	智利比索	CLP	34	卡塔尔里亚尔	QAR
13	哥伦比亚比索	COP	35	俄罗斯卢布	RUB
14	捷克克朗	CZK	36	沙特里亚尔	SAR
15	丹麦克朗	DKK	37	新加坡元	SGD
16	匈牙利福林	HUF	38	南非兰特	ZAR
17	冰岛克朗	ISK	39	斯里兰卡卢比	LKR
18	印度卢比	INR	40	瑞典克朗	SEK
19	印尼卢比	IDR	41	瑞士法郎	CHF
20	以色列新谢克尔	ILS	42	泰国泰铢	THB
21	哈萨克斯坦腾格	KZT	43	特立尼达多巴哥元	TTD
22	韩国韩元	KRW	44	阿联酋迪拉姆	AED

研究国际外汇市场之间的关联关系不仅有助于投资者明晰外汇市场之间可能存在的风险关联,引导投资者采取分散化投资方式来规避风险、增加收益,还可以为各国政府的监管部门在制定政策进行风险监控时提供相关参考。因此,本书选择2006年1月至2018年12月这一时间段,全球44个官方货币共计3287个日汇率收盘价序列作为研究的数据样本周期,原始数据来源为国际货币基金组织网站。

选择上述时间段作为样本周期的主要原因如下:第一,该时间段内发生了很多重大影响经济、金融的国际事件,如美国次贷危机、欧洲债务危机、中国股灾及频繁出现的"黑天鹅"事件,说明所选样本周期具有全面性;第二,中国逐渐成为世界第二大经济体和最大贸易国市场,积累了大量的国际储备,从而金融资产和国际投融资规模不断增大,同时中国汇率制度改革不断向前推进和完善,加上人民币加入SDR(特别提款权)货币篮子,说明选择该样本周期研究国际外汇市场关联性具有很强的时效性和现实性;第三,鉴于美国次贷危机大约爆发于2007年8月,将2006年1月作为研究起点直到次贷危机爆发,可视为国际金融市场相对平稳发展时期,有利于次贷危机前后的比较,同时本书的研究目的是探讨国际外汇市场之间的关联关系,有必要关注近年来国际外汇市场货币汇率数据,再加上数据的可获得性,从而将样本周期的末端点时间定为2018年12月。

2. 数据的处理

由于各个国家或地区在政治制度、经济体制、文化习俗等方面存在差异,所以出现了节假日的设定、外汇市场的开市和闭市等不一致现象,加上某些突发事件因素的影响,从而各个国家或地区的外汇市场交易规则存在差异,导致了各个外汇市场货币汇率数据长度不一致。因此,为了保持数据的同步性,本书对出现的空缺数据用前一天的收盘价进行代替补充。

在开展关联效应测度分析前,需要选择各个国家货币汇率作为样本变量,但是货币汇率是个相对数,为此需要选择统一的兑换率作为标准进行转换,因为兑换标准不同,构建的网络也会存在差异。关于计价或基准货币的选择,Keskin等指出,由于没有一个独立的基准货币,所以货币间的相互定价无法确定,这困扰了国际外汇市场的研究。有些学者也曾考虑过金属货币(如黄金和白银),但是贵金属价格具有易变性和高波动性等缺点而被迫放弃作为基准货币。[99]

从已有相关文献来看,对于基准货币的选择基于以下考虑[5,9,99-100]:

(1) 将某货币对全球经济影响程度作为标准,选择对其影响较小的边缘货币或者受其他货币影响较小的货币作为基准货币。如 Naylor 和 Rose 选择新西兰元为基准货币、Keskin 和 Deviren 选择土耳其里拉为基准货币。

(2) 将某货币是否能反映全球经济的总体变化作为标准进行基准货币选择。如 Jang 和 Lee、Frankel 和 Wei 等学者选择将特别提款权(Special Drawing Right,SDR)作为基准货币。

由于 SDR 也称"纸黄金",是国际货币基金组织创设的一种储备资产和记账单位,相对来讲,选择 SDR 作为计价或基准货币具有广泛性和代表性,而且能更有效地刻画本币的真实波动;同时为了保持客观性和不易变性,本书选择货币篮子 SDR 作为计价或基准货币。为了消除数据量化影响和保证数据的平稳性,采用各国或地区货币 SDR 汇率的收益率序列来对国际外汇市场之间的关联关系进行研究。为此,需要对原始货币汇率收盘价数据进行差分处理,转换成对数差分收益率,具体公式如下:

$$R_{i,t} = \ln P_{i,t} - \ln P_{i,t-1} = \ln\left(\frac{P_{i,t}}{P_{i,t-1}}\right) \tag{3-13}$$

式中，$R_{i,t}$ 表示第 i 个货币 SDR 汇率在 t 日得到的收益率，$P_{i,t}$ 表示第 i 个货币 SDR 汇率在 t 日的收盘价，$P_{i,t-1}$ 表示第 i 个货币 SDR 汇率在 $t-1$ 日的收盘价。

3.1.3 初始分析

1. 外汇市场货币汇率的收益率序列的描述性统计

鉴于样本货币变量较多，在此仅绘制出国际货币基金组织 SDR 篮子五种货币（人民币、欧元、美元、日元、英镑）的收益率变化图（见图 3.1），可以看出上述五种

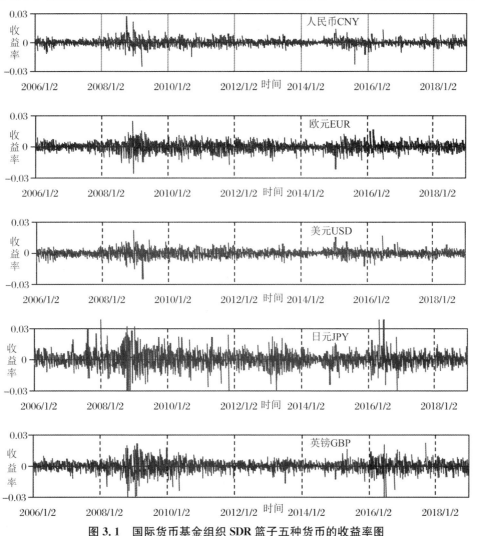

图 3.1 国际货币基金组织 SDR 篮子五种货币的收益率图

货币汇率收益率序列在 2008 年 10 月左右发生了一个很大的波动,此时可能是美国次贷危机引发的最为严峻的全球金融危机时刻,同时在 2015 年 6 月开始的中国股灾及"黑天鹅"事件引发了新一轮外汇市场中汇率的较大波动。另外,通过比较人民币与美元的收益率曲线,可以发现两种货币汇率的收益率曲线走势非常相似,波动趋势基本相同,反映了人民币与美元之间可能存在很强的关联性。

表 3.2 更进一步对外汇市场中 44 个样本货币的收益率进行描述性统计,所有货币汇率的收益率均值都接近零,而且均小于各自的标准差;波动最大的货币为伊朗里亚尔,导致这种货币收益率高波动的原因在于伊朗受到美国对其进行的严厉的经济和金融制裁,从而产生了一系列的信任危机。此外,在样本周期内人民币的标准差与美元最为接近,再次印证了人民币与美元存在很大的关联性;而且所有货币收益率的偏度和峰度分别不为 0 且大于 3,说明这些货币收益率具有非正态分布特征。

表 3.2　样本指数的描述性统计分析

样本指数	均值	标准差	偏度	峰度
人民币	0.000058	0.002814	0.006293	12.3414
欧元	0.000001	0.003683	0.153332	6.1322
日元	0.000027	0.006322	0.229515	9.2075
英镑	0.000084	0.004729	1.445613	20.6376
美元	0.000008	0.002877	0.062606	7.7684
澳大利亚元	0.000004	0.007586	0.902702	19.5081
巴林第纳尔	0.000008	0.002877	0.063758	7.8104
博茨瓦纳普拉	0.000194	0.005881	0.124297	15.9274
巴西雷亚尔	0.000145	0.009756	0.449835	16.1121
文莱元	0.000068	0.003181	0.144821	6.3345
加元	0.000039	0.006043	0.155703	12.6863
智利比索	0.000084	0.006633	0.295201	7.4199
哥伦比亚比索	0.000102	0.007975	0.032398	8.3314
捷克克朗	0.000035	0.005524	0.308943	10.5234
丹麦克朗	0.000001	0.003672	0.157069	6.3233
匈牙利福林	0.000075	0.007990	0.327026	8.5959
冰岛克朗	0.000177	0.009844	1.170022	168.2604
印度卢比	0.000126	0.004914	0.179868	8.1831

续表

样本指数	均值	标准差	偏度	峰度
印尼盾	0.000111	0.006642	1.701769	153.9500
以色列新谢克尔	0.000069	0.004538	0.381370	8.6512
哈萨克斯坦腾格	0.000309	0.008640	16.153358	569.2084
韩元	0.000023	0.007301	0.734896	29.0729
科威特第纳尔	0.000002	0.002522	0.306304	10.1022
伊朗里亚尔	0.000456	0.015045	32.599183	1498.2482
马来西亚亚吉特	0.000021	0.004359	0.004858	7.4094
毛里求斯卢比	0.000025	0.003600	0.203458	11.0434
墨西哥比索	0.000176	0.007217	0.791583	15.1190
尼泊尔卢比	0.000123	0.005321	0.089348	6.9678
新西兰元	0.000004	0.008240	0.649564	10.4579
挪威克朗	0.000068	0.006157	0.105866	6.4213
阿曼里亚尔	0.000008	0.002879	0.047784	7.8036
巴基斯坦卢比	0.000248	0.004307	3.067232	45.9729
波兰兹罗提	0.000035	0.007644	0.429686	10.4004
卡塔尔里亚尔	0.000008	0.002880	0.047127	7.7897
俄罗斯卢布	0.000260	0.009237	0.573994	36.5315
沙特里亚尔	0.000008	0.002879	0.048945	7.7659
新加坡元	0.000068	0.003169	0.202443	5.7357
南非兰特	0.000242	0.010082	0.334652	9.5401
斯里兰卡卢比	0.000168	0.003405	0.347670	9.0395
瑞典克朗	0.000029	0.006702	0.269516	10.0912
瑞士法郎	0.000097	0.005441	6.268888	226.3773
泰铢	0.000080	0.003623	0.202255	9.5364
特立尼达元	0.000015	0.003717	0.044119	5.1034
阿联酋迪拉姆	0.000008	0.002886	0.027879	7.9216

2. 外汇市场货币汇率的收益率与波动率的基本走势

图 3.2、图 3.3 分别给出了 2006—2018 年全球 44 个货币的年平均收益率和波动率的基本走势变化情况。从图 3.2 可以看出,大多数年份的收益率为负值,在

2007—2009 年发生的全球金融危机，导致货币汇率的收益变化最大，随后发生的欧债危机进一步使得货币汇率的收益率发生波动，最后一个较大波动发生在 2014—2016 年间，可能是因为中国股灾引发外汇市场货币汇率发生了波动变化。上述收益率波动变化也相应地体现在图 3.3 平均波动率变化上，表明美国次贷危机引发的全球性金融危机对世界经济和金融的冲击影响最大，同时发生在中国国内的 2015—2016 年股灾也是引起国际外汇市场波动的重要原因。

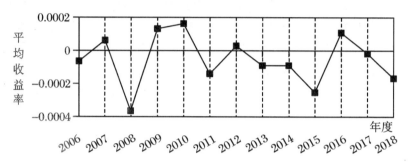

图 3.2　2006—2018 年国际外汇市场货币汇率的年平均收益率走势

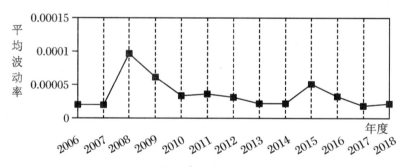

图 3.3　2006—2018 年国际外汇市场货币汇率的年平均波动率走势

3. 国际外汇市场关联的初始分析

国际外汇市场中各个货币汇率收益率之间的相关系数和关联距离的时间序列具有的时间尺度特征较长，在以年计的时间尺度上，各个货币之间的相关系数和关联距离变化缓慢，因此，通过考察国际外汇市场中各个货币之间的平均相关系数及其方差、平均关联距离及其方差，可以获知国际外汇市场上一些演化发展的信息，从而有利于从整体上分析和判断国际外汇市场的稳定性。

图 3.4 与图 3.5 分别展示了国际外汇市场货币样本的平均相关系数及其方差与平均关联距离及其方差的动态变化图。其中，平均相关系数和平均关联距离分别由 44 个货币之间的相关系数及其在此基础上的相关距离计算得到，从图中可以看出，平均相关系数和平均关联距离具有较强的负相关性，彼此之间的相关系数达到了 −0.9844。

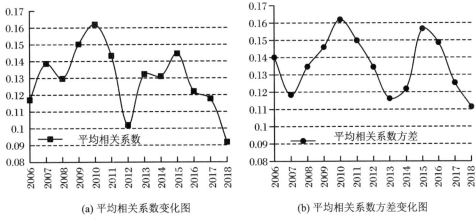

(a) 平均相关系数变化图 (b) 平均相关系数方差变化图

图 3.4　2006—2018 年国际外汇市场平均相关系数及其方差

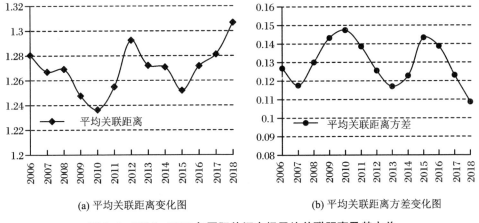

(a) 平均关联距离变化图 (b) 平均关联距离方差变化图

图 3.5　2006—2018 年国际外汇市场平均关联距离及其方差

纵观平均相关系数变化图 3.4(a)和平均关联距离变化图 3.5(a)，可以发现国际外汇市场在整体上呈现出相对稳定性，平均相关系数随着时间变化出现下降的趋势，而平均关联距离总体上呈现出增大的趋势，表明国际外汇市场的关联性在减弱。同时图中可以清晰地看出国际外汇市场中各个货币之间的平均相关系数和平均相关距离在某个特定时间段内出现了较大的波动，并从中找到相应的经济和金融极端事件与之对应。例如，从 2007 年下半年美国次贷危机开始爆发，表现出各个货币之间相关系数的降低和关联距离的增大，与之相对应的方差开始增大；随后在各国政府的积极应对下，次贷危机带来的影响逐渐恢复，表现出各个货币之间的相关系数在上升和关联距离在减小；随着 2010—2012 年欧债危机的爆发、蔓延和深化，国际外汇市场又一次受到了较大冲击，使得货币之间的相关系数减小和关联距离增大;2015 年发生的中国股灾及随后发生的三大"黑天鹅"事件、中美贸易摩擦加剧等极端事件波及外汇市场,使得各个货币之间的相关系数和关联距离发生相应变化。

3.2 全样本周期内关联效应测度分析

3.2.1 全样本网络的整体结构分析

考察全样本周期内的国际外汇市场关联网络的整体结构特征,有助于从整体上了解和把握各外汇市场之间的宏观关联关系,根据复杂网络分析法,运用公式(3-8)~(3-11)可以计算出关联网络的密度、关联关系数、等级度、关联度及效率。全样本周期内国际外汇市场关联网络的关联度为 1,表明彼此之间在网络中互通可达、关联性好,即各个外汇市场之间以直接或间接的方式发生国际关联效应。全样本周期内国际外汇市场关联网络的等级度为 0,表明各个外汇市场之间互动明显,彼此之间不具有显著的等级结构,反映出外汇市场具有相对较高的有效性。全样本周期内国际外汇市场关联网络的效率为 0.3798,说明整个关联网络的稳定性较好。全样本周期内国际外汇市场关联网络的密度为 0.4482,说明国际外汇市场中各国货币之间存在的关联联系趋于中等状态,需要进一步提升彼此之间的关联程度,提高市场效率和提升市场的有效性。

3.2.2 全样本网络的中心性分析

根据公式(3-1)~(3-7)将全样本期内国际外汇市场中各货币汇率收益率数据转化为网络关联矩阵,并按式(3-12)分别测算出各个货币在外汇市场中的程度中心度及点出度与点入度,以此描述用货币表征的外汇市场在国际外汇市场中的地位、作用和角色,并刻画某一外汇市场发生变化时其他外汇市场相应改变的大小和方向,表 3.3 具体展示了全样本周期内国际外汇市场中各外汇市场货币的程度中心度、点出度与点入度。

表 3.3 2006—2018 年国际外汇市场关联网络的中心性

货币	点出度	点入度	程度中心度	货币	点出度	点入度	程度中心度
人民币	24	19	67.44	伊朗里亚尔	33	41	93.02
欧元	27	32	25.58	马来亚吉特	23	18	90.70
日元	24	42	58.14	毛里求斯卢比	23	22	65.12
英镑	26	31	58.14	墨西哥比索	34	29	83.72
美元	29	18	65.12	尼泊尔卢比	22	21	67.44
澳大利亚元	25	19	55.81	新西兰元	29	21	60.47
巴林第纳尔	29	18	65.12	挪威克朗	26	29	44.19
博茨瓦纳普拉	23	27	51.16	阿曼里亚尔	29	18	65.11
巴西雷亚尔	30	37	72.09	巴基斯坦卢比	26	24	62.79
文莱元	26	16	83.72	波兰兹罗提	23	28	48.84
加拿大元	28	34	76.74	卡塔尔里亚尔	29	18	65.11
智利比索	19	27	67.44	俄罗斯卢布	28	27	67.44
哥伦比亚比索	21	34	72.09	沙特里亚尔	29	18	65.11
捷克克朗	26	32	39.53	新加坡元	27	16	83.72
丹麦克朗	26	32	25.58	南非兰特	23	27	51.16
匈牙利福林	24	28	48.84	斯里兰卡卢比	26	23	60.47
冰岛克朗	29	31	53.49	瑞典克朗	25	28	53.49
印度卢比	23	17	86.05	瑞士法郎	25	36	53.49
印尼卢比	23	33	76.74	泰国泰铢	24	17	69.77
以色列谢克尔	31	31	86.05	特立尼达元	29	25	60.47
哈萨克斯坦腾格	26	42	65.12	阿联酋迪拉姆	29	18	65.12
韩元	22	25	60.47				
科威特第纳尔	25	19	67.44	均值	19	19	63.74

从程度中心度来看,全样本期内各外汇市场货币的程度中心度高于均值 63.74 的外汇市场货币主要分布在亚洲和美洲,涵盖了新兴市场(如人民币、印度卢比、俄罗斯卢布、巴西雷亚尔等)、发达市场(如美元、加拿大元、新加坡元等)、中东产油大国(如伊朗里亚尔、科威特、沙特等),欧洲外汇市场、日本外汇市场和韩国外汇市场等发达经济体,其他外汇市场货币的程度中心度普遍低于均值,在国际货

币基金组织SDR篮子五种货币中人民币的程度中心度最高,美元次之,随后依次为日元、英镑和欧元,其中人民币的程度中心度高于大部分经济发达国家外汇市场货币,位列第13位,处于中上水平,说明与人民币发生关联联系的货币数量较大,人民币的汇率变动对国际外汇市场的影响也较大。原因可能在于从20世纪90年代以来金融危机频繁发生,使得全球金融格局不断发生演变,到21世纪相继爆发的美国次贷危机和欧洲债务危机,严重动摇了欧美发达国家在国际市场上的主导地位,同时中国作为世界第二大经济体,与各国或地区的贸易往来频繁,不断推进金融体制和汇率制度改革,加快了人民币国际化进程,从而中国外汇市场的开放程度不断提高,人民币的国际竞争力不断增强,与其他货币之间的关联关系日益紧密。

从关联效应来看,点出度(发出关系)大于点入度(接收关系)的国际外汇市场货币有22个,包括人民币、美元、澳大利亚元、印度卢比、俄罗斯卢布、新加坡元、巴林第纳尔、文莱元、马来西亚吉特、尼泊尔卢比、毛里求斯卢比、墨西哥比索、新西兰元、阿曼里亚尔、巴基斯坦卢比、卡塔尔里亚尔、沙特里亚尔、斯里兰卡卢比、阿联酋迪拉姆、科威特第纳尔、泰国泰铢及特立尼达和多巴哥元,这些外汇市场货币以对其他外汇市场货币发出联系为主,在外汇市场上表现出自身的波动变化对其他外汇市场具有相对较强的扩散能力和影响程度,并在国际外汇市场中相对来说处于中心位置。而其他欧洲国家和美洲、非洲等22个国家外汇市场货币的点出度(发出关系)小于点入度(接收关系),这些外汇市场货币则以接收其他外汇市场货币发出的关联联系为主,表现出自身货币汇率波动的受益或受损变化更多地受其他外汇市场货币的影响。人民币的点出度(发出关系)显著大于点入度(接收关系),表明中国外汇市场对其他外汇市场具有显著的受益或受损效应影响,并在国际外汇市场关联网络中居于重要位置。原因可能在于中国外汇市场在保障自身金融安全的情况下,持续推进金融体制改革开放和汇率制度市场化改革,加上中国与世界各地存在着不同规模大小的贸易往来,这些都加速了人民币国际化的步伐,进而展现出稳健的购买力。同时美元依然在国际外汇市场中充当主导货币的作用,并没有因为各种金融危机而失去国际货币的地位,说明美元汇率的波动情况对外汇市场的稳定性具有重要影响。

进一步考察中国外汇市场与其他外汇市场间的关联效应强度(见表3.4),可以发现自身对哪些外汇市场具有何种程度的影响。其中,中国外汇市场人民币向其他外汇市场货币发出的关联关系为24条,接收其他外汇市场货币发出的关系为19条,人民币发出或接收的关系分布表现出一定的非对称性,中国外汇市场主要与发展中国家、新兴市场国家和SDR货币篮子国家外汇市场货币发生联系为主。从地域地缘上来看,中国外汇市场在国际外汇市场中的关联关系呈现出明显的区域化特征,具体表现为人民币与亚洲货币的关联效应相对较强,而与其他地区货币的关联效应较弱。原因可能在于,地理位置相距较近或地缘相通的各国之间存在的经贸联系相对更为便捷、紧密,从而使得人民币与其他货币之间更容易建立相对密切的金融关联联系。中国外汇市场人民币对其他外汇市场货币发出的关联效应主要集中在阿曼里亚尔、卡塔尔里亚尔、巴林第纳尔、沙特里亚尔、阿联酋迪拉姆、以色列新谢克尔、科威特第纳尔、斯里兰卡卢比、泰国泰铢、巴基斯坦卢比、尼泊尔卢比、新加坡元、文莱元、日元、澳大利亚元等亚洲及大洋洲货币,还包括美元、巴西雷亚尔、英镑、瑞典克朗、俄罗斯卢布、冰岛克朗等美欧货币及特立尼达和多巴哥元、毛里求斯卢比、博茨瓦纳普拉等非洲货币。中国外汇市场人民币接收其他外汇市场发出的关联效应也主要集中在亚洲货币及美洲和非洲国家货币,同时人民币与澳大利亚元、英镑、俄罗斯卢布、瑞典克朗、冰岛克朗、澳大利亚元、以色列新谢克尔、马来西亚吉特、印度卢比、韩元、智利比索、哈萨克斯坦腾格、印尼卢比、哥伦比亚比索等货币之间以单向联系为主,与其他外汇市场货币表现为双向关联,互动性较好。

表3.4 2006—2018年人民币跨境关联效应(关系)的强度

发出关系		接收关系	
货 币	强 度	货 币	强 度
美元	1.6676	巴林第纳尔	1.6500
阿曼里亚尔	1.6592	沙特里亚尔	1.6464
卡塔尔里亚尔	1.6563	阿联酋迪拉姆	1.6365
巴林第纳尔	1.6499	科威特第纳尔	1.2336
沙特里亚尔	1.6464	斯里兰卡卢比	1.1202
阿联酋迪拉姆	1.6365	特立尼达多巴哥元	1.0968
英镑	1.5980	泰国泰铢	1.0323
瑞典克朗	1.5479	毛里求斯卢比	1.0174
冰岛克朗	1.5031	巴基斯坦卢比	1.0149
博茨瓦纳普拉	1.4719	尼泊尔卢比	0.9426
澳大利亚元	1.3946	新加坡元	0.9164
以色列新谢克尔	1.3560	文莱元	0.9072
俄罗斯卢布	1.3490	马来西亚吉特	0.8735
巴西雷亚尔	1.3165	印度卢比	0.8574
日元	1.2963	韩元	0.8506
科威特第纳尔	1.2336	智利比索	0.8487
斯里兰卡卢比	1.1202	哈萨克斯坦腾格	0.8179

续表

发出关系		接收关系	
货币	强度	货币	强度
特立尼达多巴哥元	1.0968	印尼卢比	0.8139
泰国泰铢	1.0323	日元	0.7714
毛里求斯卢比	1.0173		
巴基斯坦卢比	1.0149		
尼泊尔卢比	0.9426		
新加坡元	0.9164		
文莱元	0.9072		

3.2.3 全样本网络的块模型分析

从全局视角和整体思维考察全样本期内国际外汇市场中各个货币之间的关联形态与结构特征,有助于全面、深入地理解各个外汇市场及其发展形成的不同板块所对应的地位、作用和角色。根据全样本关联网络矩阵$\overline{J}(m,n)$,可以描绘出国际外汇市场关联网络有向图(见图3.6),网络图中的节点分别代表44个国际外汇市场中的各自货币,节点之间的连边代表网络关联矩阵$\overline{J}(m,n)$中外汇市场货币之间的关联强度。在此之后,进一步运用块模型分析方法将国际外汇市场划分为不同聚类板块,以此分析各板块在国际外汇市场关联网络中所发挥的作用、具有的地位和扮演的角色,从而揭示外汇市场国际关联网络的内部结构状态,进一步明晰板块在关联网络中被划分的个数及各板块所包含的外汇市场货币数,进而认识各板块之间的互动关联效应。根据已有文献对参数的设置惯例[79-81],在进行块模型分析时,将最大分割深度设为2、集中标准设为0.2,可以将全球44个货币划分为四大板块(详见图3.6、表3.5)。

全样本周期内国际外汇市场关联有向网络图中存在的可能最大有向关联关系数为1892条,实际存在关联关系数为848条,国际外汇市场关联有向网络就是由44个国家或地区外汇市场货币连接而形成的错综复杂关联网络,网络中不存在孤立货币节点。国际外汇市场关联网络中各个板块内部外汇市场之间存在的联系为388条,各板块之间存在的联系为460条。从图3.6中可以初步判断,国际外汇市场呈现出较为显著的地理聚集特征,以第一板块为主的亚洲外汇市场货币主要分布在关联网络图的左端;而欧洲外汇市场货币主要分布在关联网络图的右端,以第三板块为主;同时美洲外汇市场货币主要分布在关联网络图的左下端,以第二板块主;但是非洲外汇市场货币的分布较为分散。

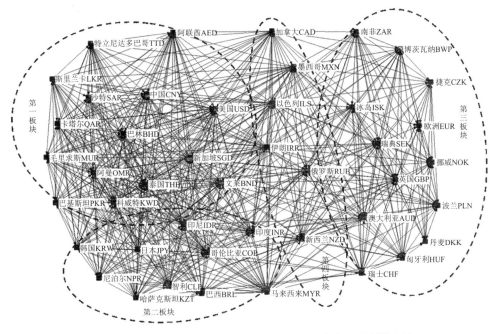

图 3.6 2006—2018 年国际外汇市场关联网络有向图及板块划分

表 3.5 2006—2018 年国际外汇市场关联网络中板块间的关系及角色划分

板块划分	第一板块	第二板块	第三板块	第四板块	板块成员数量	期望内部关系比例	实际内部关系比例	接收板块外关系数	板块外发出关系数	板块角色
第一板块	149	27	2	2	15	32.56%	82.78%	232	31	主受益板块
第二板块	149	68	8	19	10	20.93%	27.87%	99	176	净溢出板块
第三板块	16	32	146	55	13	27.91%	47.25%	53	103	双向溢出板块
第四板块	67	40	43	25	6	11.63%	14.62%	76	150	经纪人板块

注:板块内接收(发出)关系数为网络矩阵中主对角线上的关系之和;板块外接收(发出)关系数为网络矩阵中每列(行)除自身板块之外的关系之和。期望内部关系比例=(板块内货币数-1)/(网络矩阵中货币数-1),实际内部关系比例=板块内部关系数/板块发出关系数。

第一板块包括 15 个国家外汇市场货币,分别来自亚洲地区的人民币、巴林第纳尔、沙特里亚尔、斯里兰卡卢比、卡塔尔里亚尔、科威特第纳尔、阿曼里亚尔、文莱元、阿联酋迪拉姆、巴基斯坦卢比、新加坡元、泰国泰铢和非洲的毛里求斯卢比及美洲的美元、特立尼达多巴哥元，彼此之间发生的关联关系数有149条。第二板块包括10个国家外汇市场货币，分别来自亚洲的印尼卢比、日元、韩元、印度卢比、尼泊尔卢比、哈萨克斯坦腾格、马来西亚吉特和美洲的哥伦比亚比索、智利比索、巴西雷亚尔，彼此之间发生的关联关系数有68条。第三板块包括13个国家外汇市场货币，彼此之间发生的关联关系数有146条，除非洲的博茨瓦纳普拉和大洋洲的澳大利亚元外其余货币均来自欧洲外汇市场的匈牙利福林、欧元、瑞典克朗、挪威克朗、英镑、南非兰特、冰岛克朗、丹麦克朗、捷克克朗、瑞士法郎、波兰兹罗提。第四板块包括6个国家外汇市场货币，彼此之间发生的关联关系数为25条，分别来自东欧的俄罗斯卢布、北美洲的加拿大元和墨西哥比索、亚洲的以色列新谢克尔和伊朗里亚尔、大洋洲的新西兰元。总的看来，地缘政治和经济优势在国际外汇市场关联联系中得到了较为显著的体现，主要表现为亚洲地区内部和欧洲地区内部各个外汇市场货币之间存在较为紧密的跨境关联效应；同时中东重要的石油输出国外汇市场货币及其与美元聚集关联在同一板块，原因可能在于重要的石油输出国在一定程度上具有相同的汇率机制，而且石油在国际上的交易以美元进行挂钩结算，从而导致了这种聚类情况的发生。

从表3.5可以进一步分析各个国家外汇市场货币聚类板块之间在国际外汇市场关联网络中存在的关联效应，第一板块在国际外汇市场关联网络中发出的关联关系为180条（属于板块内部、板块之间的关系分别为149条、31条）；接收其他板块发出的关系为232条，接收的关系主要来自第二板块；实际内部关系比例为82.78%，期望内部关系比例为32.56%；可见，第一板块内部货币具有高比例的关联关系，同时对其他板块的溢出关联关系较少，因此，将第一板块划分为主受益板块。第二板块在关联网络中发出的关联关系为244条（属于板块内部、板块之间的关系分别为68条、176条），主要指向第一板块；接收其他板块发出的关联关系为99条，实际内部关系比例为27.87%，期望内部关系比例为20.93%；可见，第二板块不仅向板块内部货币发出关联关系，还向其他板块货币发出关联关系，接收到其他板块发出的关联关系少，因此，将第二板块归为净溢出板块。第三板块在外汇市场关联网络中发出的关联关系为249条（属于板块内部、板块之间的关系分别为146条、103条）；接收其他板块发出的关系为53条，接收的关联关系主要来自第四板块；实际内部关系比例为47.25%，期望内部关系比例为27.91%；可见，第三板块内部关系比例较高，既向板块内发出关联关系也接收其他板块发出的关联关系，因此，第三板块可归为双向溢出板块。第四板块在外汇市场关联网络中发出的关联关系为175条（属于板块内部、板块之间的关系分别为25条、150条），接收其他板块发出的关系为76条，实际内部关系比例为14.62%，期望内部关系比例为

11.63%；可见，第四板块内部关系比例低，主要以接收其他板块和向其他板块发出的关联关系为主，因此，第四板块可归为经纪人板块。

综上分析，国际外汇市场关联网络被划分为不同板块，各个国家外汇市场货币在各板块中的分布具有显著的区域化特征，表现出较强的地理聚集性，并在关联网络中具有不同的地位、作用和角色，彼此之间相互影响、相互作用、互通可达。为了深入剖析各板块之间的关联关系，需要考察各板块之间的密度矩阵和像矩阵。因此，先计算出全样本周期内国际外汇市场关联的整体网络密度（0.4482）和各板块关联的网络密度矩阵（见表3.6左半部分），并将整体网络密度作为参考临界值，对密度矩阵中大于整体网络密度的用1（板块之间存在较强的空间关联性）进行替换；否则，用0进行替换，最后得出各板块之间的像矩阵（见表3.6右半部分）。

表3.6　2006—2018年国际外汇市场关联网络中板块像矩阵与密度矩阵

板块	密度矩阵				像矩阵			
	第一板块	第二板块	第三板块	第四板块	第一板块	第二板块	第三板块	第四板块
第一板块	0.710	0.180	0.010	0.022	1	0	0	0
第二板块	0.993	0.756	0.062	0.317	1	1	0	0
第三板块	0.082	0.246	0.936	0.705	0	0	1	1
第四板块	0.744	0.667	0.551	0.833	1	1	1	1

从表3.6中像矩阵可以看出：① 板块像矩阵中主对角线上的元素均为1，说明各板块内部聚集的外汇市场货币之间表现出显著的相互关联性；② 第一板块亚洲外汇市场和美国外汇市场主要通过第二板块东亚、南亚及南美外汇市场和第四板块外汇市场直接联系而实现与第三板块欧洲外汇市场间的发生关联效应；③ 第三板块的欧洲外汇市场通过向第四板块的外汇市场发出关联效应，从而实现与其他外汇市场货币板块之间发生联系。总体上来说，全样本期内国际外汇市场关联网络中各外汇市场的相互关联主要是通过第二和第四板块外汇市场的信息传递间接连通实现的，并非直接发生关联效应。

3.3　分阶段子样本内关联效应测度分析

根据信息粒度理论[101-102]，通过对信息粒度进行不断调整，可以按照现实情况更好地对目标问题进行分析和解决，从而将全样本周期内的样本数据进行恰当的信息粒度化，以便进一步揭示不同时间阶段的样本数据所存在的信息特征。因此，将整个样本周期划分为连续的六个分阶段子样本周期，以考察不同周期内国际外汇市场关联的网络关系和结构特征,具体划分如下(详见表3.7):第一阶段子样本为美国次贷危机发生前,记为 PhaseⅠ;第二阶段子样本为美国次贷危机发生时,记为 PhaseⅡ;第三阶段子样本为次贷危机发生后及欧债危机发生时,记为 PhaseⅢ;第四阶段子样本为欧债危机发生后及中国股灾发生前,记为 PhaseⅣ;第五阶段子样本为中国股灾发生时,记为 PhaseⅤ;第六阶段子样本为中国股灾发生后、三大"黑天鹅"事件、中美贸易摩擦加剧等不确定事件,记为 PhaseⅥ。

表 3.7 全样本周期划分情况及被划分的子样本区间

样本阶段	时间阶段	国家样本	时间样本	总样本
Phase Ⅰ	2006年1月—2007年8月	44	433	19052
Phase Ⅱ	2007年9月—2009年4月	44	430	18920
Phase Ⅲ	2009年5月—2013年10月	44	1136	49984
Phase Ⅳ	2013年11月—2015年5月	44	391	17204
Phase Ⅴ	2015年6月—2016年2月	44	187	8228
Phase Ⅵ	2016年3月—2018年12月	44	710	31240

分阶段子样本时间节点的划分是基于以下事件做出的:① 金融市场在 2006 年 9 月之前还处于较平稳发展期,之后发生了局部的市场波动,2007 年 9 月美国次贷危机开始爆发蔓延,2009 年 5 月美国经济开始复苏,标志着次贷危机基本结束;② 2009 年 10 月希腊开始发生主权债务问题,并蔓延至欧洲其他国家,可以被认为是欧债危机爆发的起始时间;③ 2013 年 12 月爱尔兰退出欧债危机纾困机制,成为首个脱困国家,从而此时可以被认为是欧债危机的后危机阶段;④ 2015 年 6 月中国股市发生了股灾,一直持续到 2016 年 2 月,2016 年英国脱欧、特朗普当选美国总统、意大利修宪失败三大"黑天鹅"事件,这表明"逆全球化"趋势日益显现,进而给各国实体经济和全球金融市场带来的不确定性接踵而至,同时各个国家的微观实体也受到了不同程度的影响,从而为实体经济遭受金融市场冲击提供充分的便利条件;⑤ 2017 年,虽然仍有发生影响外汇市场的事件,但整体还是相对平稳,到 2018 年,美联储继续加息、美股大跌引领全球股市受挫、中美贸易摩擦加剧、新兴市场国家货币暴跌等不确定事件进一步为市场的不确定性埋下隐患。

3.3.1 分阶段子样本网络的整体结构分析

在测算出各个外汇市场货币在不同时间阶段下关联距离矩阵基础上,根据复杂网络分析法,运用公式(3-8)~(3-11)可以计算出分阶段子样本国际外汇市场关联网络的密度、等级度、关联度、效率及实际关系数,表 3.8 展示了分阶段子样本国际外汇市场关联网络的整体结构特征。

表 3.8 分阶段子样本国际外汇市场关联网络的整体结构特性

样本阶段	关系数	平均关系数	网络密度 YD	等级度 NH	关联度 NC	效率 NE
Phase Ⅰ	867	19.7045	0.4582	0.0888	1.000	0.3942
Phase Ⅱ	821	18.6591	0.4339	0.0000	1.000	0.4020
Phase Ⅲ	797	18.1136	0.4212	0.0000	1.000	0.4452
Phase Ⅳ	796	18.0909	0.4207	0.0000	1.000	0.3965
Phase Ⅴ	779	17.7045	0.4117	0.2061	1.000	0.4097
Phase Ⅵ	830	18.8636	0.4387	0.0000	1.000	0.4275

从关联度来看,国际外汇市场关联网络的关联度均为1,表明各外汇市场之间互通可达,即两两外汇市场之间存在着直接或间接的关联关系,彼此之间关联效应强。从等级度来看,局部金融极端风险和中国股灾发生时期的国际外汇市场关联网络的等级度分别为0.0888和0.2061,其余分阶段的网络等级度均为0,表明在这两个时段国际外汇市场关联网络存在一定的等级结构,说明中国股灾引发的市场极端波动对外汇市场的关联变化产生了微弱影响。从网络效率来看,国际外汇市场关联网络的效率总体处于中等偏下状态,呈现出"上升—下降—上升"的动态变化,说明国际外汇市场关联网络的稳定性较好,其稳定性变化状态基本与各阶段发生事件吻合。从关系数和网络密度来看,国际外汇市场关联网络的密度和关系数总体呈现出下降的趋势,说明国际外汇市场之间存在的关联效应和互动联系具有减弱的趋势,表现为当前国际上贸易投资保护主义的势头在加强;整个过程具有"下降—上升"的变化,说明在金融危机和极端风险阶段关联网络的紧密性下降了。纵观整体网络结构特征的各个指标,除了网络关联度大小相同外,其余指标在不同时段大多不尽相同,表明各个阶段国际外汇市场关联网络存在不同的结构特征。

3.3.2 分阶段子样本网络的中心性分析

表3.9列示了国际外汇市场关联网络在不同阶段时的程度中心度,总体来看,各个外汇市场在不同阶段内的程度中心度均发生了不同程度的变化,从而在国际外汇市场关联网络中的重要性也发生了相应变化。其中,中国外汇市场人民币的程度中心度变化经历了一个先降后升的过程,具体表现为在次贷危机(Phase Ⅱ)和欧债危机(Phase Ⅲ)爆发时,其程度中心度连续下降,然后恢复并提升至72.093(位列第8位),说明在国际化的过程中,中国外汇市场人民币的地位获得了较大提

升,在整个外汇市场关联网络中扮演着更为重要的角色。美元作为世界主导货币,在金融危机冲击和国际金融体系重塑后,其程度中心度经历了"降—升—降"的变化(由 67.442(Phase Ⅰ)降到 58.140(Phase Ⅵ)),美国外汇市场在国际外汇市场中的重要性地位有所下降。欧元外汇市场的程度中心度总体表现了"升—降—升"的变化,其在国际外汇市场的地位虽然有所动摇,但仍然较为稳固。日本外汇市场的程度中心度变化表现出"降—升—降—升"的过程,其最终在国际外汇市场网络中的地位发生了下降。英国外汇市场的程度中心度在国际外汇市场关联网络中表现出"升—降—升"的变化,说明其在国际外汇市场中的地位有所上升;新加坡外汇市场总体在国际外汇市场关联网络中处于中心位置,受金融危机等极端事件的影响,其程度中心度表现了"降—升—降"的变化,特别是在次贷危机(Phase Ⅱ)、欧债危机(Phase Ⅲ)及全球不确定极端事件频发阶段(Phase Ⅵ)下降较大,表明新加坡元对外汇市场中的波动反应灵敏,并在关联网络中的地位有所下降。各外汇市场货币的程度中心度发生变化的原因可能在于金融危机的爆发严重冲击了欧美等西方发达国家主导的金融体系,这些国家的经济进入了衰退或发展缓慢期;而以中国为代表的新兴市场国家,经济发展速度较快,对全球经济增长的贡献越来越大,在不断推进金融改革和货币国际化的过程中,使其在金融市场中的地位日益显现,相应货币及其表征的外汇市场的重要性获得了不同程度的提升。

表 3.9 分阶段子样本国际外汇市场关联网络的中心度

货币分阶段中心度	程度中心度					
	Phase Ⅰ	Phase Ⅱ	Phase Ⅲ	Phase Ⅳ	Phase Ⅴ	Phase Ⅵ
人民币	67.442	65.116	55.814	67.442	72.093	72.093
欧元	27.907	32.558	27.907	25.581	18.605	27.907
日元	74.419	48.837	58.14	60.465	67.442	67.442
英镑	41.86	48.837	55.814	60.465	48.837	58.140
美元	67.442	67.442	55.814	67.442	67.442	58.140
澳大利亚元	55.814	60.465	55.814	53.488	69.767	62.791
巴林第纳尔	67.442	67.442	53.488	65.116	67.442	58.140
博茨瓦纳普拉	48.837	48.837	51.163	53.488	48.837	46.512
巴西雷亚尔	86.047	69.767	72.093	81.395	76.744	72.093
文莱元	79.07	81.395	60.465	83.721	74.419	60.465
加拿大元	72.093	69.767	81.395	65.116	65.116	69.767

续表

货币分阶段中心度	程度中心度					
	Phase Ⅰ	Phase Ⅱ	Phase Ⅲ	Phase Ⅳ	Phase Ⅴ	Phase Ⅵ
智利比索	69.767	67.442	69.767	72.093	65.116	65.116
哥伦比亚比索	76.744	65.116	67.442	72.093	74.419	74.419
捷克克朗	34.884	39.535	41.86	30.233	18.605	32.558
丹麦克朗	30.233	32.558	30.233	25.581	18.605	27.907
匈牙利福林	51.163	44.186	48.837	53.488	41.86	41.86
冰岛克朗	53.488	53.488	46.512	41.86	27.907	53.488
印度卢比	79.07	83.721	72.093	86.047	79.07	74.419
印尼卢比	69.767	74.419	72.093	79.07	74.419	74.419
以色列新谢克尔	86.047	83.721	60.465	81.395	81.395	76.744
哈萨克斯坦腾格	65.116	51.163	51.163	53.488	81.395	74.419
韩元	65.116	65.116	60.465	58.14	48.837	55.814
科威特第纳尔	65.116	62.791	60.465	67.442	72.093	55.814
伊朗里亚尔	67.442	72.093	97.674	41.86	62.791	51.163
马来西亚吉特	81.395	81.395	79.07	76.744	60.465	90.698
毛里求斯卢比	65.116	65.116	60.465	60.465	65.116	55.814
墨西哥比索	81.395	76.744	53.488	65.116	74.419	62.791
尼泊尔卢比	62.791	65.116	62.791	69.767	60.465	60.465
新西兰元	53.488	58.14	62.791	53.488	62.791	62.791
挪威克朗	39.535	39.535	44.186	55.814	51.163	48.837
阿曼里亚尔	67.442	67.442	55.814	67.442	67.442	58.14
巴基斯坦卢比	65.116	60.465	51.163	60.465	60.465	55.814
波兰兹罗提	51.163	46.512	48.837	39.535	53.488	46.512
卡塔尔里亚尔	67.442	67.442	55.814	67.442	67.442	58.14
俄罗斯卢布	76.744	74.419	58.14	76.744	81.395	60.465
沙特里亚尔	67.442	67.442	55.814	67.442	67.442	58.14
新加坡元	79.07	76.744	60.465	83.721	72.093	60.465
南非兰特	48.837	51.163	51.163	55.814	48.837	51.163

续表

货币分阶段中心度	程度中心度					
	Phase Ⅰ	Phase Ⅱ	Phase Ⅲ	Phase Ⅳ	Phase Ⅴ	Phase Ⅵ
斯里兰卡卢比	65.116	62.791	51.163	67.442	65.116	58.14
瑞典克朗	48.837	53.488	51.163	53.488	58.14	55.814
瑞士法郎	37.209	51.163	48.837	60.465	32.558	55.814
泰国泰铢	60.465	62.791	69.767	76.744	81.395	74.419
特立尼达元	58.14	60.465	48.837	62.791	58.14	60.465
阿联酋迪拉姆	65.116	67.442	53.488	67.442	67.442	58.140

表3.10列出了国际外汇市场关联网络中各个货币的出度(发出关联效应或关联关系,表现为受损)与入度(接收关联效应或关联关系,表现为受益)。随着各种不确定性极端事件(如次贷危机、欧债危机等)的相继爆发,在国际外汇市场关联网络中各外汇市场货币的出度值、入度值均发生了不同程度的变化,在六个分阶段子样本中,出度值小于入度值的外汇市场货币个数平均为19个,总体呈现出递减的变化趋势,主要包括欧洲外汇市场货币、日元、博茨瓦纳普拉、加拿大元、智利比索、哥伦比亚比索、墨西哥比索等,其在国际外汇市场中受其他外汇市场的影响相对更大,更多地表现为受益的现象。其他国家外汇市场货币(如人民币、美元、俄罗斯卢布等)的出度值基本上大于入度值,表现为对其他货币具有较强的扩散能力,对整个外汇市场的影响更大,更多地表现为受损。其中,人民币在整个过程中的出度都大于入度,尤其在美国次贷危机爆发时期(PhaseⅡ)的出度值与入度值比相对更大,说明次贷危机中人民币对其他货币的影响很大,具有良好的稳健性。欧元仅在美国次贷危机爆发时期出度值大于入度值,而美元仅在次贷危机爆发时期出度值小于入度值,说明次贷危机对美元的冲击影响很大,使得投资者积极寻找其他稳健性货币进行风险规避。澳大利亚元也出现与美元相同的情况,这是由于澳大利亚与美国之间存在非常密切的政治、经济和金融联系。同时伊朗里亚尔在次贷危机爆发时期(PhaseⅡ)和不确定性极端事件频发阶段(PhaseⅥ)出度值小于入度值,这是由于次贷危机的爆发引发美元的贬值,而伊朗作为石油主要输出国,受此影响较大,更多地表现出受益,而在第六阶段,美国特朗普政府单方面宣布退出"伊核协议",并加大对伊朗的经济和金融制裁,在此阶段,伊朗里亚尔更多地表现为受损。

更进一步分析中国外汇市场人民币与其他外汇市场货币的关联效应(关系),有助于认清人民币在国际化进程中的作用和影响,表3.11列示了不同时期与人民币在国际外汇市场上的关联联系强度前十位的货币。从人民币国际关联的地域分布看,人民币发出与接收的关联效应表现出显著的地理区域化特征,而且在地缘邻近、区域合作、危机冲击等因素影响下,这种区域化趋势日益提高。结合六个阶段人民币的点出度与点入度的变化(见表3.10),与之关联效应较强的货币在发出和接收关联关系的货币个数上存在显著的非对称性,整个过程的关联强度呈现出先升(Phase Ⅰ到Phase Ⅱ)后降(Phase Ⅳ到Phase Ⅴ再到Phase Ⅵ)的变化,表明次贷危机和欧债危机等极端金融事件对全球外汇市场的影响很大,使得人民币与其他货币的关联联系发生了相应的波动变化,尤其是在Phase Ⅵ阶段"逆全球化"和贸易保护主义明显加强,中美贸易摩擦显著加剧,促使彼此之间的关联效应有所减弱。与人民币国际关联效应强度在前十位的货币主要分布为美国和中国地缘相近的亚洲周边国家、石油国家、金融中心国家等。一方面,说明这种关联关系具有显著的地理聚集性,而且美元作为当今石油结算的唯一挂钩货币,使得最大石油消费国的人民币与亚洲石油国家货币之间关联紧密;另一方面,说明虽然人民币始终坚持汇率制度的市场化改革方向,已经进行了三次重要的汇率制度改革,人民币汇率的市场化程度有了很大提高,双向浮动的弹性显著增加,但是其与美元的关联效应强度始终较大,特别是在次贷危机和欧债危机爆发后(即Phase Ⅱ到Phase Ⅳ)越发明显,它们之间的关联效应强度达到最大,反映出人民币汇率制度参考的一篮子货币中美元可能是其参考的最主要货币。

表3.10 分阶段子样本外汇市场货币的出度与入度

货币分阶段 出度与入度	Phase Ⅰ 出(入)度	Phase Ⅱ 出(入)度	Phase Ⅲ 出(入)度	Phase Ⅳ 出(入)度	Phase Ⅴ 出(入)度	Phase Ⅵ 出(入)度
人民币	21(16)	34(31)	23(19)	25(17)	23(16)	23(19)
欧元	28(32)	32(30)	25(32)	30(34)	32(35)	27(32)
日元	33(41)	32(32)	24(43)	23(39)	29(41)	32(41)
英镑	28(30)	32(37)	24(32)	25(35)	28(34)	25(32)
美元	24(17)	31(38)	27(21)	27(18)	27(16)	27(22)
澳大利亚元	28(24)	29(30)	26(20)	28(21)	27(22)	28(19)
巴林第纳尔	24(17)	28(22)	27(21)	27(18)	27(16)	27(22)
博茨瓦纳普拉	28(29)	27(30)	25(28)	30(28)	28(26)	24(26)
巴西雷亚尔	33(31)	26(31)	20(30)	30(25)	27(39)	22(36)
文莱元	25(17)	26(27)	26(21)	22(20)	25(22)	34(22)
加拿大元	26(37)	26(32)	35(33)	22(38)	23(39)	34(34)
智利比索	21(26)	26(19)	18(29)	20(28)	19(27)	22(30)
哥伦比亚比索	26(40)	26(9)	19(26)	22(35)	19(32)	30(32)

续表

货币分阶段 出度与入度	Phase Ⅰ 出(入)度	Phase Ⅱ 出(入)度	Phase Ⅲ 出(入)度	Phase Ⅳ 出(入)度	Phase Ⅴ 出(入)度	Phase Ⅵ 出(入)度
捷克克朗	30(31)	26(29)	26(31)	30(34)	32(35)	27(32)
丹麦克朗	30(32)	26(29)	25(32)	29(34)	32(35)	28(32)
匈牙利福林	26(29)	26(32)	23(28)	26(32)	26(32)	26(31)
冰岛克朗	24(29)	26(41)	24(32)	27(34)	30(35)	28(33)
印度卢比	20(18)	25(19)	31(21)	23(14)	19(13)	24(18)
印尼卢比	31(24)	25(20)	21(18)	23(26)	20(22)	20(13)
以色列新谢克尔	24(32)	25(18)	28(28)	34(32)	23(30)	34(35)
哈萨克斯坦腾格	25(26)	25(29)	25(23)	27(43)	33(38)	19(33)
韩元	26(20)	25(19)	22(23)	26(25)	24(24)	26(26)
科威特第纳尔	23(21)	25(20)	23(20)	25(18)	24(16)	27(21)
伊朗里亚尔	21(21)	25(42)	42(38)	27(29)	23(24)	27(37)
马来西亚吉特	20(12)	25(18)	30(19)	29(20)	29(22)	21(23)
毛里求斯卢比	20(18)	25(19)	22(23)	24(19)	23(18)	24(22)
墨西哥比索	21(24)	25(27)	32(30)	25(39)	21(32)	35(31)
尼泊尔卢比	23(22)	25(22)	19(20)	22(20)	24(21)	24(21)
新西兰元	30(28)	25(19)	28(19)	31(26)	30(26)	28(21)
挪威克朗	27(31)	25(22)	25(28)	24(29)	25(32)	23(28)
阿曼里亚尔	24(17)	25(21)	26(21)	27(18)	27(16)	27(22)
巴基斯坦卢比	20(18)	24(27)	25(24)	25(25)	26(22)	25(29)
波兰兹罗提	26(30)	24(19)	23(28)	26(32)	24(33)	26(29)
卡塔尔里亚尔	24(17)	24(26)	27(21)	27(18)	27(16)	27(22)
俄罗斯卢布	21(17)	24(13)	28(21)	30(27)	20(25)	26(22)
沙特里亚尔	24(17)	24(10)	27(21)	27(18)	27(16)	26(22)
新加坡元	25(17)	24(38)	26(19)	22(19)	23(23)	34(22)
南非兰特	28(27)	24(25)	25(27)	28(27)	27(25)	24(26)
斯里兰卡卢比	20(19)	23(21)	25(24)	25(18)	25(17)	26(22)
瑞典克朗	25(31)	23(19)	24(28)	25(31)	27(33)	25(30)

续表

货币分阶段 出度与入度	Phase Ⅰ 出(入)度	Phase Ⅱ 出(入)度	Phase Ⅲ 出(入)度	Phase Ⅳ 出(入)度	Phase Ⅴ 出(入)度	Phase Ⅵ 出(入)度
瑞士法郎	29(34)	23(37)	26(34)	26(34)	32(34)	28(31)
泰国泰铢	22(34)	22(12)	20(18)	24(13)	19(11)	23(17)
特立尼达元	22(27)	22(36)	25(24)	25(19)	26(22)	25(25)
阿联酋迪拉姆	21(17)	20(33)	27(21)	27(18)	27(16)	27(22)

表 3.11　人民币在国际外汇市场上的关联效应(关系)分析(分阶段子样本)

时期阶段	发出关系 国家货币	强度	接收关系 国家货币	强度	时期阶段	发出关系 国家货币	强度	接收关系 国家货币	强度
Phase Ⅰ	沙特 SAR	1.9743	阿联酋 AED	1.7127	Phase Ⅱ	美国 USD	2.2958	美国 USD	2.2958
	美国 USD	1.9741	巴基斯坦 PKR	1.3557		阿曼 OMR	2.2612	阿联酋 AED	2.2148
	阿曼 OMR	1.9618	科威特 KWD	1.1608		卡塔尔 QAR	2.2607	沙特 SAR	2.1971
	巴林 BHD	1.9579	斯里兰卡 LKR	1.1229		阿联酋 AED	2.2148	巴林 BHD	2.1899
	卡塔尔 QAR	1.9537	毛里求斯 MUR	1.0671		沙特 SAR	2.1971	斯里兰卡 LKR	1.4016
	巴基斯坦 PKR	1.3557	伊朗 IRR	1.0556		巴林 BHD	2.1899	特立尼达 TTD	1.3297
	科威特 KWD	1.1608	韩国 KRW	1.0389		斯里兰卡 LKR	1.4015	科威特 KWD	1.2969
	斯里兰卡 LKR	1.1230	尼泊尔 NPR	0.9974		特立尼达 TTD	1.3297	泰国 THB	1.2415
	毛里求斯 MUR	1.0670	马来西亚 MYR	0.9417		科威特 KWD	1.2969	毛里求斯 MUR	1.0774
	伊朗 IRR	1.0555	文莱 BND	0.9329		泰国 THB	1.2415	巴基斯坦 PKR	1.0296

时期阶段	发出关系		接收关系		时期阶段	发出关系		接收关系	
	国家货币	强度	国家货币	强度		国家货币	强度	国家货币	强度
Phase III	美国 USD	2.0750	巴林 NHD	2.0715	Phase IV	美国 USD	2.8178	阿曼 OMR	2.8779
	卡塔尔 QAR	2.0716	阿曼 OMR	2.0492		沙特 SAR	2.7706	阿联酋 AED	2.8778
	巴林 BHD	2.0715	阿联酋 AED	2.0291		巴林 BHD	2.6125	卡塔尔 QAR	2.8754
	沙特 SAR	2.0712	哈萨克斯坦 KZT	1.5607		科威特 KWD	2.0152	美国 USD	2.8178
	阿曼 OMR	2.0492	科威特 KWD	1.3487		特立尼达 TTD	1.2913	沙特 SAR	2.7706
	阿联酋 AED	2.0291	巴基斯坦 PKR	1.3190		毛里求斯 MUR	1.2005	巴林 BHD	2.6125
	哈萨克斯坦 KZT	1.5607	特立尼达 TTD	1.1831		巴基斯坦 PKR	1.1283	科威特 KWD	2.0152
	科威特 KWD	1.3487	斯里兰卡 LKR	1.0863		泰国 THB	1.1058	斯里兰卡 LKR	1.7471
	巴基斯坦 PKR	1.3190	泰国 THB	1.0289		尼泊尔 NPR	1.0216	特立尼达 TTD	1.2913
	特立尼达 TTD	1.1831	毛里求斯 MUR	0.9993		伊朗 IRR	0.9848	毛里求斯 MUR	1.2005

续表

时期阶段	发出关系 国家货币	强度	接收关系 国家货币	强度	时期阶段	发出关系 国家货币	强度	接收关系 国家货币	强度
Phase V	阿联酋 AED	1.4560	科威特 KWD	1.2899	Phase VI	巴林 BHD	0.9547	泰国 THB	0.9427
	沙特 SAR	1.4599	印度 INR	1.2345		阿联酋 AED	0.9536	新加坡 SGD	0.9046
	美国 USD	1.4598	尼泊尔 NPR	1.1749		美元 USD	0.9535	毛里求斯 MUR	0.8777
	卡塔尔 QAR	1.4598	特立尼达 TTD	1.1639		阿曼 OMR	0.9532	印度 INR	0.8708
	阿曼 OMR	1.4598	毛里求斯 MUR	1.1528		卡塔尔 QAR	0.9459	文莱 BND	0.8703
	巴林 BHD	1.4486	巴基斯坦 PKR	1.1200		泰国 THB	0.9427	斯里兰卡 LKR	0.8663
	科威特 KWD	1.2899	斯里兰卡 LKR	1.0701		沙特 SAR	0.9413	印尼 IDR	0.8545
	印度 INR	1.2345	伊朗 IRR	1.0042		科威特 KWD	0.9336	特立尼达 TTD	0.8499
	尼泊尔 NPR	1.1749	泰国 THB	1.0006		新加坡 SGD	0.9046	尼泊尔 NPR	0.8448
	特立尼达 TTD	1.1639	韩国 KRW	0.9844		毛里求斯 MUR	0.8777	马来西亚 MYR	0.8316

3.3.3 分阶段子样本网络的块模型分析

图 3.7 展示了分阶段子样本下六个时期的国际外汇市场关联网络有向图,关联网络中不存在孤立的节点货币,彼此之间相互关联、互通可达,而后运用块模型分析法,根据最大分割深度为 2、集中标准为 0.2,可以将不同阶段下处于相互关联的 44 个外汇市场货币划分成不同的四大板块(见图 3.7、表 3.11)。从图 3.7 可以初步判断,不同阶段下国际外汇市场关联网络中的货币聚集呈现出较为明显的区域化特征,在各板块彼此关联、相互连通的分布关联网络图中,因地缘和经济等联系因素的影响,虽然各个货币在不同阶段的相互聚集呈现出动态变化,但是美元和亚洲外汇市场货币主要聚集在第一板块、部分聚集在第二板块,欧洲外汇市场货币主要聚集在第三板块,其他美洲外汇市场货币聚集在第二板块和第四板块,非洲外

汇市场货币主要聚集在第三板块。

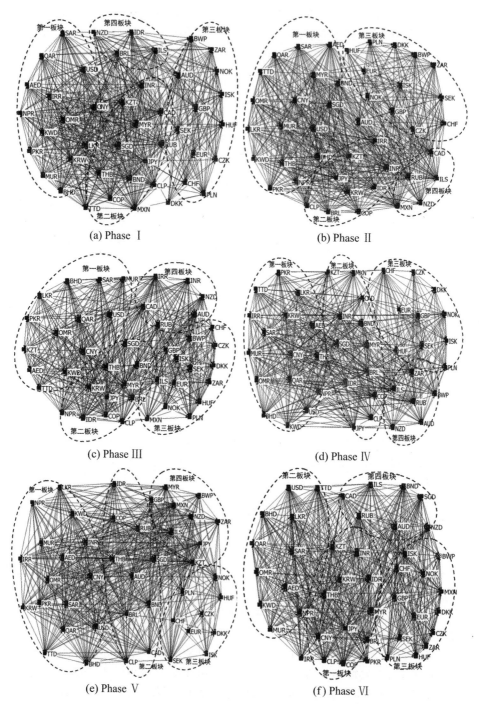

图 3.7　分阶段子样本国际外汇市场关联网络及其板块划分

各国外汇市场货币在关联网络中实际存在的关联效应(关系数)在不同的金融发展时期呈现出先降后升的变化,具体表现为:从美国次贷危机爆发前的局部震荡(Phase Ⅰ 关系数为 867)到次贷危机全面爆发(Phase Ⅱ 关系数为 821 条),说明危机的爆发,促使各国政府采取了严格的保护监管措施,其金融主管部门加强了市场干预,从而反映到外汇市场中各个货币的关联效应出现下降。随着美国次贷危机的深化和蔓延,欧洲开始爆发债务危机(Phase Ⅲ 关系数为 797),从而各国金融监管进一步趋紧,各个货币间的关联效应进一步削弱。进入到后危机时期(Phase Ⅳ 关系数为 796),金融危机的余波并未消退,市场干预并未放松,使得外汇市场的关联效应继续减弱。随后发生的 2015—2016 年中国股灾(Phase Ⅴ 关系数为 779)加剧了金融市场的波动,从而外汇市场中各个货币之间的关联效应进一步减弱。最后,在股灾波动结束后(Phase Ⅵ 关系数为 830),全球金融市场进入了新的调整期,但是国际上频繁发生了不确定性极端事件(如三大"黑天鹅"事件、全球贸易保护主义加强、中美贸易摩擦加剧),使得外汇市场中各个货币的关联联系还难以恢复到最初状态。

从表 3.12 进一步分析不同阶段下国际外汇市场关联网络中各个货币的板块划分及其角色功能,各个阶段划分的四大板块在国际外汇市场关联网络中所扮演的角色差异明显。

表 3.12 分阶段子样本国际外汇市场关联网络板块及其角色划分

分阶段板块角色划分		第一板块	第二板块	第三板块	第四板块	板块成员数量	期望内部关系比例	实际内部关系比例	接收板块外关系数	板块外发出关系数	板块角色
Phase Ⅰ	第一板块	131	53	0	1	14	30.23%	70.05%	216	54	主受益
	第二板块	181	111	19	22	13	27.91%	33.33%	132	222	双向溢出
	第三板块	0	44	152	38	13	27.91%	64.96%	43	82	主受损
	第四板块	35	35	24	11	4	6.98%	10.48%	61	94	经纪人
Phase Ⅱ	第一板块	189	14	3	3	17	37.21%	90.43%	226	20	主受益
	第二板块	150	41	17	19	9	18.61%	18.06%	53	186	净溢出
	第三板块	18	22	146	35	13	27.91%	60.06%	64	75	双向溢出
	第四板块	58	17	44	17	5	9.30%	12.50%	57	119	经纪人

续表

分阶段板块角色划分		第一板块	第二板块	第三板块	第四板块	板块成员数量	期望内部关系比例	实际内部关系比例	接收板块外关系数	板块外发出关系数	板块角色
Phase Ⅲ	第一板块	120	30	0	0	13	27.91%	80.00%	145	30	主受益
	第二板块	112	87	1	31	11	23.26%	37.66%	120	144	双向溢出
	第三板块	0	38	168	59	14	30.23%	63.40%	44	97	主受损
	第四板块	33	52	43	21	6	11.63%	14.09%	90	128	经纪人
Phase Ⅳ	第一板块	176	26	0	0	16	34.88%	85.45%	194	26	主受益
	第二板块	163	69	0	33	12	25.58%	26.04%	119	196	经纪人
	第三板块	1	41	88	50	10	20.93%	48.89%	22	92	双向溢出
	第四板块	30	52	22	24	6	11.63%	5.45%	83	104	净溢出
Phase Ⅴ	第一板块	173	27	0	1	16	34.88%	86.07%	193	28	主受益
	第二板块	121	57	2	36	10	20.93%	26.39%	121	159	双向溢出
	第三板块	0	26	65	40	9	18.61%	49.62%	20	66	双向溢出
	第四板块	72	68	18	50	9	18.61%	24.03%	77	158	经纪人
Phase Ⅵ	第一板块	119	143	5	49	13	27.91%	37.65%	109	197	双向溢出
	第二板块	28	90	0	0	11	20.93%	76.27%	165	28	主受益
	第三板块	34	1	150	67	13	27.91%	59.52%	36	102	主受损
	第四板块	47	21	31	38	7	13.95%	27.73%	116	99	经纪人

(1) 以美元和亚洲外汇市场货币为主的第一板块在前五个阶段存在的内部关系比例高(70%～90%), 同时对其他板块的溢出效应少, 故在上述五个阶段主要扮

演"主受益"角色；但在 Phase Ⅵ 阶段,该板块主要表现为向板块内部发出关联关系和向其他板块发出关联关系,同时接收其他板块发出的关联关系相对较少,故在此阶段主要扮演"双向溢出"角色。

(2) 第二板块在不同时间阶段里聚集的货币主要是亚洲外汇市场货币和美洲外汇市场货币,在 Phase Ⅰ 阶段、Phase Ⅲ 阶段和 Phase Ⅴ 阶段,该板块既向板块内部发出关联关系,也向其他板块发出关联关系,接收到其他板块发出的关联关系相对较少,而且内部关系比例大小一般,故第二板块在这三个阶段主要扮演"双向溢出"角色；在 Phase Ⅱ 阶段,第二板块的内部关系比例很低,而且从其他板块接收到的关联联系也少,故在此阶段主要扮演"净溢出"角色；在 Phase Ⅳ 阶段,第二板块内部存在的关联关系比例低(26.04%),主要以向其他板块发出关联关系和接收其他板块发出的关联关系为主,故在此阶段主要扮演"经纪人"角色；在 Phase Ⅵ 阶段,第二板块存在的内部关系比例高(76.27%),同时对其他板块的溢出关联关系少,故在此阶段主要扮演"主受益"角色。

(3) 第三板块在各个阶段时间内聚集的主要货币为欧洲货币,在 Phase Ⅰ 阶段、Phase Ⅲ 阶段和 Phase Ⅵ 阶段,该板块存在的内部关系比例较高(60%左右),同时对其他板块发出的关联关系显著多于从其他板块接收到的关联关系,故在此三个阶段主要扮演"主受损"角色；第三板块在 Phase Ⅱ 阶段虽然存在较高的关系比例,但是接收到的关联关系和发出的关联关系相差不大,故主要扮演"双向溢出"角色；第三板块在 Phase Ⅳ 阶段和 Phase Ⅴ 阶段,虽然接收到的关联关系小于发出的关联关系,但其内部存在的关联关系比例大小一般,故在此两个阶段也主要扮演"双向溢出"角色。

(4) 第四板块聚集的货币成员较为分散,主要涵盖了亚洲、美洲和大洋洲的货币,其在 Phase Ⅰ 到 Phase Ⅲ、Phase Ⅴ 和 Phase Ⅵ 均主要扮演着"经纪人"角色,因为在以上五个阶段,第四板块中的各个外汇市场货币之间的关系比例低,主要以向其他板块发出关系和从其他板块接收关系为主；而在 Phase Ⅳ 阶段,第四板块由于自身内部存在的关联关系比例很低,内部关联关系也少,接收到的关联关系少于发出的关联关系,故在此阶段主要扮演"净溢出"角色。

需要指出的是,上述各个国家或地区外汇市场货币聚集形成的板块在不同阶段具有不同的关联关系,展现出的区域性变化特征在一定程度上刻画了金融危机和不确定性极端事件下各个货币的全球空间分布格局。在此基础上,为了深入分析各板块之间的关联关系,需要先对各板块之间的密度矩阵和像矩阵进行计算,并将各阶段子样本周期内国际外汇市场关联网络密度(从 Ⅰ 至 Ⅵ 阶段网络密度依次为 0.4582、0.4339、0.4212、0.4207、0.4117、0.4387)作为参考临界值,若密度矩阵中各板块之间的密度大于整体网络密度,则将相应的板块密度用 1(板块之间存在较强的空间关联效应)进行替换；否则,用 0 进行替换,最后得出各板块之间的像矩阵(见表3.13)。

表3.13 分阶段子样本国际外汇市场关联网络板块的像矩阵与密度矩阵

分阶段板块密度矩阵与像矩阵		密度矩阵				像矩阵			
		第一板块	第二板块	第三板块	第四板块	第一板块	第二板块	第三板块	第四板块
Phase Ⅰ	第一板块	0.720	0.291	0.000	0.018	1	0	0	0
	第二板块	0.995	0.712	0.112	0.577	1	1	0	1
	第三板块	0.000	0.260	0.974	0.750	0	0	1	1
	第四板块	0.625	0.692	0.462	0.917	1	1	1	1
Phase Ⅱ	第一板块	0.732	0.098	0.014	0.035	1	0	0	0
	第二板块	0.98	0.569	0.145	0.422	1	1	0	0
	第三板块	0.081	0.188	0.936	0.800	0	0	1	1
	第四板块	0.682	0.378	0.677	0.850	1	0	1	1
Phase Ⅲ	第一板块	0.769	0.210	0.000	0.000	1	0	0	0
	第二板块	0.790	0.791	0.006	0.500	1	1	0	1
	第三板块	0.000	0.240	0.923	0.702	0	0	1	1
	第四板块	0.423	0.788	0.512	0.700	1	1	1	1
Phase Ⅳ	第一板块	0.733	0.135	0.000	0.000	1	0	0	0
	第二板块	0.849	0.598	0.000	0.458	1	1	0	1
	第三板块	0.006	0.425	0.978	0.833	0	1	1	1
	第四板块	0.323	0.722	0.367	0.800	0	1	0	1
Phase Ⅴ	第一板块	0.721	0.169	0.000	0.007	1	0	0	0
	第二板块	0.856	0.711	0.022	0.400	1	1	0	0
	第三板块	0.000	0.289	0.903	0.494	0	0	1	1
	第四板块	0.5	0.756	0.222	0.694	1	1	0	1
Phase Ⅵ	第一板块	0.763	1.000	0.030	0.538	1	0	0	0
	第二板块	0.196	0.818	0.000	0.000	0	1	0	0
	第三板块	0.201	0.007	0.962	0.736	0	0	1	1
	第四板块	0.593	0.273	0.341	0.905	1	0	0	1

从表3.13不同时间阶段下各个板块相互关联的像矩阵可以看出,首先,在各个时期内各板块像矩阵中主对角线上的元素始终为1,表明各个阶段的板块内部

存在着显著的关联效应和相互关系；其次，美国次贷危机爆发后和随后发生的一系列影响金融市场稳定的极端事件，使得各个板块在国际外汇市场关联网络结构中所扮演的角色发生了变化，各个外汇市场之间既可能直接发生关联效应，也可能通过经纪人板块和双向溢出板块的间接传递而实现关联联系；最后，金融危机原发地或与其金融和贸易联系较大的国家或地区外汇市场在关联网络中通常表现出特殊性，使得这种关联效应程度减弱，从而在全球金融市场上的影响力也随之下降。

本 章 小 结

本章运用复杂网络分析方法构建和绘制了全样本周期内和分段子样本周期内国际外汇市场关联网络的有向图，从整体结构、个体中心性和块模型聚类对外汇市场国际关联的网络关系、关联效应和结构特征进行了分析，得到的主要结论如下：

(1) 国际外汇市场关联网络中各个货币表征的外汇市场之间直接或间接联系、互通可达、关联性较好，彼此之间等级结构弱、互动明显、网络稳定性较好、关联紧密性中等偏下，需要进一步提升彼此之间的关联程度，提高市场效率和提升市场的有效性。随着不同时间阶段的发展变化，金融危机发生过程中的网络稳定性相对较差、危机结束后的网络稳定性相对较好，基本体现了整个危机和极端事件的发展；国际外汇市场之间存在的关联效应和互动联系具有减弱的趋势，反映了金融危机等极端事件对国际外汇市场的关联性影响具有减弱趋势。

(2) 全样本周期内各货币的程度中心度高于均值的外汇市场主要分布在亚洲和美洲，涵盖了新兴市场（如人民币、印度卢比、俄罗斯卢布、巴西雷亚尔等）、发达市场（如美元、加拿大元、新加坡元等）、中东产油大国（如伊朗里亚尔、科威特、沙特等），但欧洲货币、日元和韩元等发达经济体的货币的程度中心度普遍低于均值。在国际货币基金组织 SDR 篮子五种货币中人民币的程度中心度最高，美元次之，随后依次为日本、英镑和欧元。人民币的程度中心度高于大部分经济发达国家货币，处于中上水平，说明与人民币发生关联联系的货币数量较大，人民币的汇率变动对国际外汇市场的影响也较大。分阶段子样本下各外汇市场货币的程度中心度均发生了不同程度的变化，而且绝大部分货币在金融危机和极端事件阶段发生了不同程度的受益或受损现象，并在国际外汇市场关联网络中的重要性发生了变化。

(3) 无论是在全样本还是分段子样本周期内，点出度大于点入度的外汇市场货币变化不大，主要包括美元、新兴市场货币和亚洲货币，以对其他外汇市场货币发出关联联系为主，在外汇市场上表现出自身的波动变化对其他国家货币具有相对较强的扩散能力和影响程度，并相对处于中心位置。而其他外汇市场货币的点出度值小于点入度值，这些外汇市场货币在国际外汇市场上则主要以接收其他国家发出的关联效应（关系）为主，并表现出自身货币的受益或受损的波动变化更多的受其他国家货币的影响。中国外汇市场人民币发出或接收的关联效应分布具有一定的非对称性,主要与全球金融中心国家、中东石油国家、新兴市场国家、地缘相近的发展中国家及 SDR 货币篮子国家的外汇市场发生联系为主,人民币在国际外汇市场中发生的关联联系呈现出明显的区域化特征,而且在不同阶段的变化过程中,这种区域化趋势日益明显。

(4) 全样本周期内各个国家货币在国际外汇市场关联网络中聚集形成了四个不同板块,具体分别为主受益、主受损、双向溢出和经纪人,各个货币在各板块中的分布具有显著的区域化特征,表现出较强的地理区域性特征,并在关联网络中具有不同的地位、作用和角色,彼此之间相互影响、相互作用、互通可达;而在不同阶段下国际外汇市场关联网络中各个货币被划分为四大板块,并在国际外汇市场关联网络中呈现出的角色功能差异明显,美国次贷危机和随后发生的一系列影响金融市场稳定的极端事件,使得各个板块在国际外汇市场关联网络结构中所扮演的角色发生动态变化,各个货币及各个板块之间既可能直接产生关联效应,也可能通过经纪人板块和双向溢出板块的间接传递而实现关联联系。各个外汇市场货币聚集形成的板块展现出的区域性变化特征在一定程度上刻画了金融危机和不确定性极端事件下各个货币的全球空间分布格局。

第4章 国际外汇市场关联的稳健性分析

基于复杂网络法对国际外汇市场关联效应测度分析结果的稳健性考虑,并借鉴已有文献[98-102],本章选择最小生成树和分层结构树对上述复杂网络分析法构建的国际外汇市场关联有向网络进行稳健性检验分析,并进一步探究关联网络的微观和宏观拓扑结构特征,以期进一步理解国际外汇市场最小生成树的网络结构演化情况。

4.1 研究方法

4.1.1 最小生成树与分层结构树

1. 最小生成树

由于最小生成树(MST)法具有很好的鲁棒性,已成为广大学者青睐的网络分析工具。[103]最小生成树网络是一个由 N 个节点,节点之间 $N-1$ 条连边相连接组成的目标系统,这些连边集合均由权重最小(距离最短)的边所组成,从而保证最终形成一个无环路的树形结构网络,本章选用 Kruskal 算法,具体步骤如下[104-105]:

(1) 按照从小到大的规则顺序,将网络节点之间的 $N(N-1)/2$ 条边的权重(即节点之间的相似距离)进行排列,将连边权重最小(距离最短)的两个节点用线段进行连接。

(2) 继续从余下的节点距离矩阵中找出权重最小的连边(距离最短)的两个节点,并把它们用线段进行连接,要求节点之间的连接路径不能形成环路。

(3) 继续重复步骤(2),直到形成一个由 N 个节点、$N-1$ 条连边组成的无环路的树形结构连通图,即最小生成树图。

因此,通过公式(3-1)~(3-5)可以计算出不同节点之间的距离矩阵,并运用最小生成树的 Kruskal 算法,由此可将系统内的不同节点之间的关联性用最小生成树来表示。在构建最小生成树网络的过程中，要求网络节点之间的连边距离 D_{mn} 度量必须满足三个几何公理：非负性、对称性、三角不等式。经验证，上述度量距离满足上述三个几何公理。[106-107]

2. 分层结构树

在分层结构树（Hierarchical Structure Tree, HST）中各个节点形成的聚类树均表现出明显的相同结构属性，且进一步在每个聚集组合中的各节点还可能形成其他同属性子类别。[2, 108]本章在研究中根据计算出的各个货币之间的相关距离，就能够对最小生成树进行操作，生成与之相应的唯一亚超度量空间，从而进一步确定与之相应的分层结构树。因此，最小生成树与分层结构树也具有一一对应性，二者分别体现了各自不同侧面的波动特征，最小生成树结构揭示了货币汇率收益率序列的波动变化，分层结构树揭示了序列波动之间的关联关系。

4.1.2 网络拓扑结构的度量指标

为进一步深入考察国际外汇市场最小生成树网络的拓扑结构特征，拟选用以下几种常用的拓扑结构度量指标。[103-110]

1. 度的中心性

度的中心性（Degree Centrality, DC），可用来表示与 MST 网络中某一节点直接相连的边数。通过度的中心性可以度量 MST 网络中某一节点的中心化程度，若 MST 网络中某个节点的度越大，则该节点的中心化程度越高，反之，则该节点的中心化程度越低。

2. 平均相似度

平均相似度（Mean Similarity Measure, MSM），表示 MST 网络中所有节点之间的相似性或相关性的疏密程度，若该指标数值越大，则 MST 网络就显得越紧密，反之，则该 MST 网络就显得越稀疏。

$$\text{MSM} = \frac{2}{N(N-1)} \sum_{i=1}^{N-1} \sum_{j=i+1}^{N} d_{ij} \quad (4-1)$$

3. 标准（归一）化树长

标准化树长（Normalized tree length, NTL），用来测算 MST 网络中 N 个节点之间形成的 $N-1$ 条连边的平均距离，以此衡量 MST 网络图的稀疏程度，若该指标数值越大，则相对应的 MST 网络就显得越稀疏，反之，则相对应的 MST 网络就显得越紧密。

$$\text{NTL} = \frac{1}{N-1} \sum_{d_{ij} \in \Theta} d_{ij} \quad (4-2)$$

式中，Θ 为关联网络中所有连边的集合，$N-1$ 表示关联网络中所有的边数。

4. 平均占有层

平均占有层(Mean Occupation Layer,MOL),是用来测算 MST 网络中与中心节点相对应的各层级之和的平均值,以此度量 MST 网络密度的变化,若该指标数值越大,则表明对应的 MST 网络结构和稳定性越好。

$$\text{MOL}(v_c) = \frac{1}{N}\sum_{i=1}^{N} \text{lev}(v_i) \tag{4-3}$$

式中,$\text{lev}(v_i)$ 表示节点 v_i 与所在对应的中心节点 v_c 之间的层数差,一般情况下,将中心节点 v_c 自身的层数设为 0,中心节点选取网络中度最大的节点。

4.2 关联网络的稳健性分析

4.2.1 基于最小生成树的稳健性分析

1. 全样本周期内最小生成树网络分析

图 4.1 展示了 2006—2018 年国际外汇市场中各个货币之间的最小生成树网络图,可以发现,从网络图的左边开始,依次聚集了南美洲货币和部分亚洲货币的第二板块、美元和绝大多数亚洲货币的第一板块、欧洲货币的第三板块及第四板块(俄罗斯卢布(RUB)、加拿大元(CAD)、伊朗里亚尔(IRR)、新西兰元(NZD)、墨西哥比索(MXN)),分别形成了以美元(USD)为中心节点的全球货币聚集网络、以欧元(EUR)为中心节点的欧洲货币聚集网络,各个货币分别围绕各自的中心节点形成了一定的聚集效应。在以美元为中心的聚集网络中还存在分别以新加坡元(SGD)、人民币(CNY)和日元(JPY)为次中心的节点。这表明,新加坡作为全球金融中心,其新加坡元也具有一定的国际影响力;中国作为经济总量排名全球第二和全球第一大贸易国,加上人民币国际化进程的加快,从而使得人民币在国际外汇市场上的影响力日益增强;日本作为全球第三大经济体和传统发达国家,日元的影响力不言而喻同样也处于较强地位。同时,中东等重要国家的货币与美元直接相连,这是因为国际上的石油输出贸易以美元作为结算货币,从而美元与这些货币的关联性较强。

图 4.1 中第一板块通过第四板块与第三板块发生关联,这主要在于俄罗斯地缘横跨欧亚,而且与欧洲以及亚洲的中国具有重要的贸易和能源往来,同时墨西哥作为新兴市场、加拿大作为发达市场不仅紧邻第一板块的中心节点美元,而且与欧洲有着较多的贸易往来,所以第四板块的货币充当了第一板块与第三板块货币的

中介作用;第二板块与第一板块直接相连,并通过第一板块和第四板块与第三板块间接关联。总体上来说,从不同板块及其货币在最小生成树上的"树干"位置进行判断,最小生成树法与第3章中复杂网络分析法所得结论和各板块内部结构基本一致,各板块在网络中的地位、作用和角色及不同板块之间相互关联、相互影响形态也与上一章的分析基本相符合。

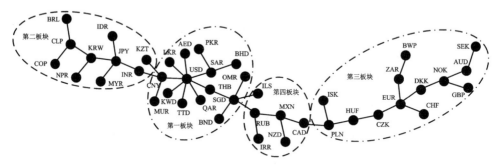

图 4.1　2016—2018 年国际外汇市场最小生成树图

2. 分阶段子样本最小生成树网络分析

图 4.2 展示了次贷危机发生前(Phase Ⅰ)国际外汇市场中各货币之间的最小生成树网络图,从中可以发现,形成了分别以新加坡元(SGD)、美元—人民币(USD-CNY)、欧元(EUR)为中心的三大聚集板块,这三个板块的聚集是主要以地缘和经贸因素为主而形成的,第一板块分别与第二板块、第三板块直接相连,从而使得国际外汇市场中的各个货币之间发生关联效应。其中,第一板块形成的聚集是由于美元主导的世界货币角色进行石油等贸易结算决定的,同时中国和美国作为全球两大经济体,彼此之间交流频繁、互补性强,相互之间存在紧密的贸易联系,从而使得第一板块形成了以美元为主导的"美元—人民币"聚集中心节点,并表现

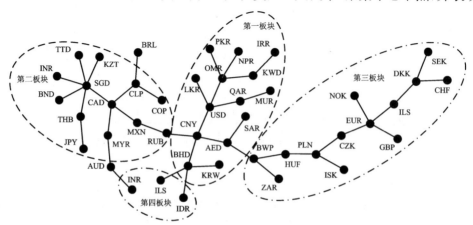

图 4.2　分阶段子样本(Phase Ⅰ)国际外汇市场最小生成树图

出较强的地理聚集性,该板块既包括石油输出重要国家货币沙特里亚尔(SAR)、卡塔尔里亚尔(QAR)等中东石油国家货币,也包括韩元(KRW)、巴基斯坦卢比(PKR)、斯里兰卡卢比(LKR)等亚洲货币。

图 4.2 中第二板块的聚集是以新加坡元(SGD)为中心节点形成的,显示了新加坡作为全球航运中心和金融中心的地位,但是这种聚集是以地理相近和经贸关联形成为主;第三板块主要为欧洲国家货币,形成了以欧元(EUR)为中心节点的聚集板块,既显示了欧洲的地理聚集性,也显示了彼此之间具有非常强的经贸和金融关联性。但是在第 3 章中形成的第四板块在最小生成树网络图中却没有很好体现其应有的角色,原因可能与最小生成树的构造原理有关,即为了确保整个网络路径组合最短,进而不能保证每个货币都直接与关联最紧密的货币聚集相连,从而导致某些货币未能聚集到联系最密切的相应板块。

图 4.3 展示了美国次贷危机爆发过程中(Phase Ⅱ)的国际外汇市场中各个货币之间的最小生成树网络图,在金融危机的冲击下,国际外汇市场最小生成树网络拓扑结构发生了较大变化,形成了分别以美元(USD)和匈牙利福林(HUF)为网络中心节点的亚洲和欧洲货币聚集的第一板块和第三板块,并形成了以日元(JPY)和俄罗斯卢布(RUB)为次中心的第二板块和第四板块,第二板块与第一板块、第一板块与第四板块、第四板块与第三板块直接相连,从而实现各个板块之间的相互关联和相互连通。与次贷危机发生前(Phase Ⅰ)相比,美元的节点中心效应更加明显,其周围聚集的其他货币更多,说明美元在国际外汇市场中作为世界货币所具有的主导地位是其他货币无法比拟的;石油贸易更易受到次贷危机的波及影响,从而中东石油输出国货币直接或间接地与美元发生关联和聚集;但是人民币与美元始终直接关联,原因可能在于人民币盯住了美元,并将美元作为非常重要的参考货币,以维持自身汇率在国际外汇市场上的稳定;同时第三板块的中心节点因为金融危机冲击的影响而发生了移位。

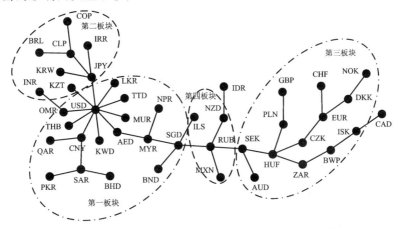

图 4.3 分阶段子样本(Phase Ⅱ)国际外汇市场最小生成树图

图 4.4 展示了美国次贷危机发生后及欧债危机发展中(PhaseⅢ)的国际外汇市场最小生成树网络图,国际外汇市场网络发生了不同程度的变化,全球货币系统也发生了重构。与次贷危机爆发时(PhaseⅡ)相比,虽然美元仍然在国际外汇市场网络中具有中心性的影响力,但其聚集能力有所减弱;欧洲聚集板块的货币依然保持着相对稳定,欧元(EUR)在欧洲聚集板块居于中心位置;新加坡元(SGD)在最小生成树网络中的影响力有所提升。从最小生成树网络图中不同板块在"树干"上的位置判断,第一聚集板块仍然是由以美元为节点中心的中东石油输出国货币、人民币(CNY)、巴基斯坦卢比(PKR)等亚洲货币和毛里求斯卢比(MUR)、特立尼达和多巴哥元(TTD)构成,第二聚集板块主要由以新加坡元为中心的亚洲货币构成,第三板块主要由以欧元为中心的欧洲货币构成,第四板块主要由来自欧洲的俄罗斯卢布(RUB)、大洋洲的澳大利亚元(AUD)和新西兰元(NZD)构成,各个聚集板块通过第一板块与第二板块、第二板块与第四板块及第四板块与第三板块的直接关联而间接的关联互通在一起。

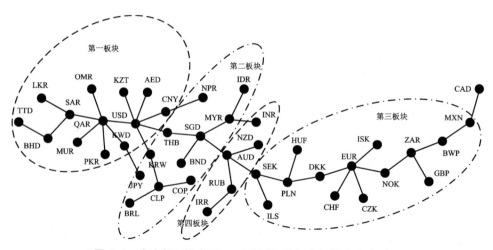

图 4.4 分阶段子样本(PhaseⅢ)国际外汇市场最小生成树图

在欧债危机发生后及中国股灾发生前(PhaseⅣ),如图 4.5 所示的国际外汇市场最小生成树网络图进一步发生了不同程度的调整变化,区域聚集效应依然明显,主要体现在经过一系列的财政政策和货币政策的实施,美元(USD)在第一聚集板块的中心影响力有所恢复;新加坡元(SGD)的聚集中心影响力进一步增强,居于第二聚集板块的中心;第三板块中欧元(EUR)的中心影响力在减弱,说明经历了次贷危机和欧债危机的冲击,使得整个欧洲货币体系发生了较大的影响变化;第四聚集板块中的货币构成也发生了一些变化,主要由澳大利亚元(AUD)、新西兰元(NZD)、南非兰特(ZAR)和博茨瓦纳普拉(BWP)组成。各个货币聚集板块在国际外汇市场最小生成树网络中以直接或间接的方式发生关联互通,并扮演着不同的角色。

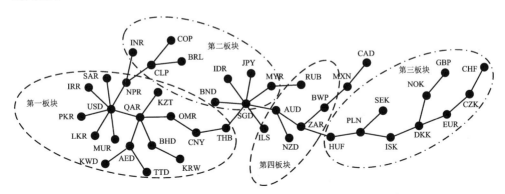

图 4.5　分阶段子样本(Phase Ⅳ)国际外汇市场最小生成树图

在中国股灾发生过程中(Phase Ⅴ)，如图 4.6 所示的国际外汇市场最小生成树网络图，从中可以发现，国际外汇市场最小生成树网络由四个聚集板块组成，分别是以美元—人民币(USD-CNY)为中心的第一货币聚集板块、以澳大利亚元—新加坡元(AUD-SGD)为中心的第二货币聚集板块、以墨西哥比索—日元—新西兰元—英镑(MXN-JPY-NZD-GBP)组成的第三货币聚集板块及欧元—匈牙利福林(EUR-HUF)为中心的第三货币聚集板块，各个板块相互关联，彼此连通可达，并发挥着各自应有的作用和角色，展现出了较强的地理聚集效应。与欧债危机发生后及中国股灾发生前相比，人民币的国际化进程进一步加快，其在网络中的影响力进一步增强，原因可能是 2015 年 11 月 30 日人民币被宣布纳入 SDR 货币篮子，进一步增强了人民币的国际影响力。但美元的影响力有所削弱，新加坡元的影响力也受到相应影响发生了下降，处于第三聚集板块的欧元影响力有所恢复。

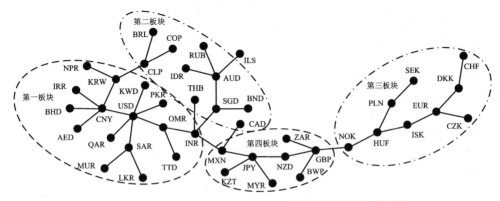

图 4.6　分阶段子样本(Phase Ⅴ)国际外汇市场最小生成树图

在中国股灾、三大"黑天鹅"事件、中美贸易摩擦加剧等不确定性极端事件的背景下(PhaseⅥ),如图4.7所示的国际外汇市场最小生成树网络,从中可以发现,美元(USD)与人民币(CNY)没有被聚集到同一板块,彼此之间的关联性发生了下降,说明随着美国当选总统的上台,全球贸易保护主义和"逆全球化"势头加剧,中美贸易摩擦愈演愈烈,造成外汇市场发生波动和变化,使得美国和中国的外汇市场关联性有所下降,这与第3章中美国与中国的关联效应强度在PhaseⅥ阶段处于整个阶段的最低水平基本一致。新加坡元(SGD)在国际外汇市场上的影响力得到了恢复,同时欧元(EUR)在欧洲货币的影响力也有所增强。从最小生成树网络的"树干"上依然可以获知,第二板块与第一板块、第二板块与第四板块、第四板块与第三板块直接相互关联,从而实现不同板块之间的互联互通和可达。

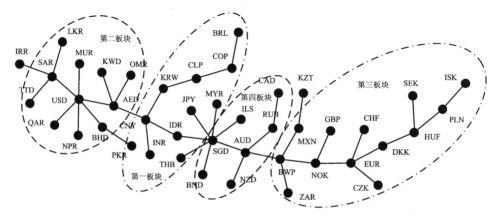

图 4.7　分阶段子样本(PhaseⅥ)国际外汇市场最小生成树图

纵观图4.2至图4.7的国际外汇市场最小生成树网络的拓扑演化图可知:第一,从各个区域网络中心节点及其相关连接节点来看,各个阶段的最小生成树网络呈现出较为显著的地理聚集性,随着危机和极端事件的发生和推进,地理聚集性发生着不同程度的演变,这种聚集性和演变变化与第3章分析基本一致;第二,美元依然是世界的主导货币,但其在全球金融中心地位有所减弱,并与中东石油输出国存在很强的聚集关联性,反映了全球石油贸易采用美元进行结算;第三,作为发展最快的新兴经济体的中国,其人民币在各个阶段的最小生成树网络中与美元大多直接关联,表明人民币市场化改革进程中,美元是人民币汇率参考的最重要的国际货币,甚至可能发生了盯住美元的汇率政策,但人民币在国际化进程中所具有的国际影响力呈现出增强趋势;第四,欧洲作为全球重要的一极,其金融中心地位没有发生显著变化,欧元在欧洲货币中的影响力相对较强;第五,从各板块在最小生成树的"树干"位置进行判断,各个板块之间以直接或间接的方式相互关联、彼此连通可达,各板块所扮演的角色及其之间存在的相互关系、影响程度与第3章中复杂网络块模型分析结果基本相符,从而验证了复杂网络分析法所得结论具有良好的稳健性。

4.2.2 基于分层结构树的稳健性分析

1. 全样本周期内分层结构树分析

图 4.8 展示了全样本周期内国际外汇市场各个货币的分层结构树聚类情况，可以发现 44 个样本货币共被划分为三类：第一类包括美元、南美洲货币和绝大部分亚洲货币，具体为美元(USD)、巴西雷亚尔(BRL)、智利比索(CLP)、哥伦比亚比索(COP)、特拉尼达和多巴哥元(TTD)等美洲货币，阿曼里亚尔(OMR)、卡塔尔里亚尔(QAR)、沙特里亚尔(SAR)、巴林第纳尔(BHD)、阿联酋迪拉姆(AED)、人民币(CNY)、泰铢(THB)、新加坡元(SGD)等亚洲货币及毛里求斯卢比(MUR)；第二类包括欧元(EUR)、丹麦克朗(DKK)、捷克克朗(CZK)、挪威克朗(NOK)、匈牙利福林(HUF)、波兰兹罗提(PLN)、瑞典克朗(SEK)等欧洲货币及澳大利亚元(AUD)、新西兰元(NZD)；第三类由两个非洲货币(博茨瓦纳普拉(BWP)和南非兰特(ZAR))、两个美洲货币(加拿大元(CAD)和墨西哥比索(MXN))、四个亚洲货币(韩元(KRW)、日元(JPY)、哈萨克斯坦腾格(KZT)和尼泊尔卢比(NPR))、三个欧洲货币(俄罗斯卢布(RUB)、冰岛克朗(ISK)及瑞士法郎(CHF))组成。

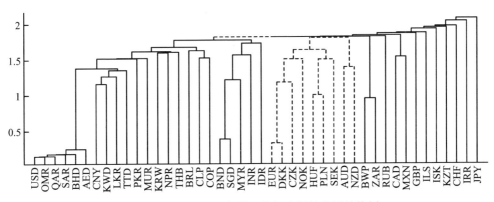

图 4.8　2016—2018 年国际外汇市场的分层结构树

与第 3 章中块模型聚类分析结果相比，全样本周期内货币分层结构树中第一类所包括的货币主要涵盖了块模型分析中的第一板块和第二板块的货币，表明块模型分析中的第一板块与第二板块之间的关联联系紧密，从而被一起分层聚类到第一类；第二类所包括的货币主要涵盖了块模型分析中第三板块的主要货币和第四板块中的新西兰元；第三类所包括的货币主要涵盖了块模型分析中第四板块的主要货币，第三板块的博茨瓦纳普拉(BWP)、南非兰特(ZAR)、冰岛克朗(ISK)、瑞士法郎(CHF)，第二板块的韩元(KRW)、日元(JPY)、哈萨克斯坦腾格(KZT)及第一板块的尼泊尔卢比(NPR)，表明第四板块与第一、第二、第三板块存在着直接或间接的联系,体现了中介传输的作用与角色,并与块模型分析中的作用和角色基本一致。

2. 分阶段子样本分层结构树分析

在分阶段子样本国际外汇市场关联的最小生成树稳健性分析之后,进一步采用分层结构树对国际外汇市场在六个阶段的关联性进行稳健性分析,如图 4.9(a)~(f)展示了国际外汇市场在六个时期的分层结构树。美元与中东石油输出国货币之间具有最小距离,并聚集在同一类,而且这些石油输出国货币之间也基本聚集在同一类,这与第 3 章中复杂网络有向图和最小生成树图中的聚类情况基本一致,说明国际石油贸易交易结算直接与美元挂钩结算,反映出美元在全球贸易中接收到了最大的正向溢出效应,同时这些石油输出国在一定程度上具有相同或相近的汇率机制。在各个阶段下层次聚类的结果与第 3 章中的块模型分析聚类结果基本一致。

与第 3 章中的块模型分析结果相比,在美国次贷危机爆发前(Phase Ⅰ),44 个货币共被划分为三类(如图 4.9(a)所示),第一类所包含的货币主要集中在第一板块和第二板块,第二类所包含的货币主要集中在第二板块和第四板块,第三类所包含的货币主要集中在第三板块。在次贷危机爆发过程中(Phase Ⅱ),44 个货币共被划分四类(如图 4.9(b)所示),第一类所包含货币主要集中在第一板块,第二类所包含的货币主要集中在第二板块和部分第四板块货币加拿大元(CAD)、墨西哥比索(MXN),第三类所包含的货币主要集中在第三块及第四板块的俄罗斯卢布,第四类所包含的货币主要集中在第二板块货币有两个(日元 JPY、伊朗里亚尔 IRR)、第三板块一个(瑞士法郎 CHF)及第四板块一个(以色列新谢克尔 ILS)。在次贷危机发生后及欧债危机发生过程中(Phase Ⅲ),44 个货币共被划分为四类(如图 4.9(c)所示),第一类所包含的货币主要集中在第一板块和大部分第二板块,第二类所包含的货币集中在第四板块,第三类所包含的货币主要集中在第三板块,第四类所包含的货币主要集中在第三板块及部分第四板块。在欧债危机发生后及中国股灾发生前(Phase Ⅳ),44 个货币共被划分为三类(如图 4.9(d)所示),第一类所包含的货币主要集中在第一板块、部分集中在第二板块,第二类所包含的货币集中在第二板块和第四板块,第三类所包含的货币集中在第三板块。在中国股灾发生过程中(Phase Ⅴ),44 个货币共被划分为三类(如图 4.9(e)所示),第一类所含的货币主要集中在第一板块和第二板块,第二类所包含的货币主要集中在第四板块,第三类所包含的货币主要集中在第三板块。在中国股灾发生后、三大"黑天鹅"事件、中美贸易摩擦加剧等不确定性极端事件发生过程中(Phase Ⅵ),44 个货币共被划分为四类(如图 4.9(f)所示),第一类所包含的货币集中在第二板块,第二类所包含的货币集中了部分第一板块货币和大部分第四板块货币,第三类所包含的货币主要集中在第一板块货币,第四类所包含的货币主要集中在第三板块。

总体看来,各个阶段下分层结构树的聚类划分类别与第 3 章中块模型分析聚类结果比较接近,各聚类在国际外汇市场中相互影响、相互连通,所扮演的角色和作用也与块模型中各板块所具有的作用和角色基本一致,从而进一步证实了第 3 章中复杂网络分析的结论具有较好的稳健性。

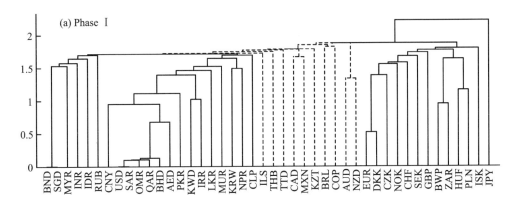

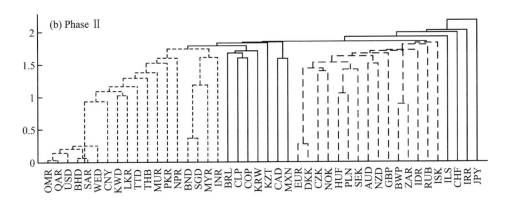

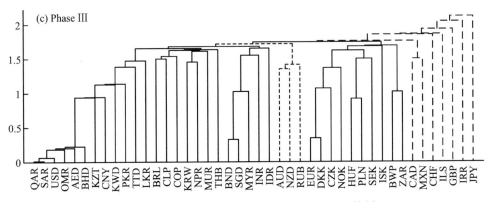

图 4.9 分段子样本下国际外汇市场的分层结构树

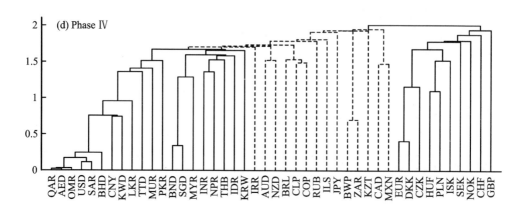

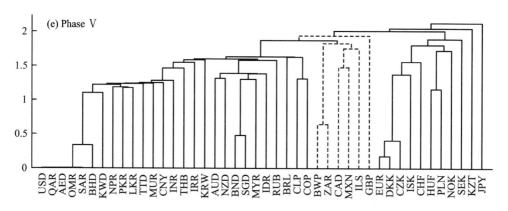

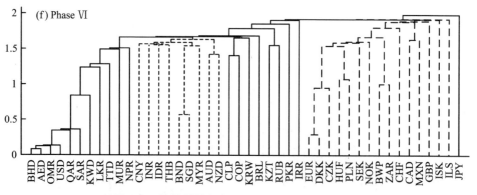

续图 4.9　分段子样本下国际外汇市场的分层结构树

4.3 最小生成树网络的拓扑结构数值分析

由于最小生成树关联网络是通过滤掉网络中各节点之间的冗余关系,从而保持所有节点之间以最少连边实现彼此连通的网络图。因此,从微观和宏观的视角来进一步考察国际外汇市场关联网络的拓扑结构及其演化特征,有助于更加深入理解国际外汇市场关联网络的结构性、稳定性及关联联系的变化趋势。

4.3.1 网络的微观结构数值分析

选取图4.2至图4.7国际外汇市场网络中节点货币的度至少为3的节点作为中心节点,通过计算网络节点的度,从网络中心节点的数量和影响范围两个方面,分析国际外汇市场网络结构的变化(见表4.1)。从国际外汇市场网络中心节点的数量变化来看,网络中心节点数有减少的趋势。具体表现为,在美国次贷危机开始爆发前(PhaseⅠ)的节点数为13个,到次贷危机爆发时(PhaseⅡ)减少至11个,随后在欧债危机爆发时(PhaseⅢ)进一步减少至10个,表明金融危机的爆发对国际外汇市场产生了不同程度的冲击影响,使得区域金融中心的货币影响力有所减弱;到了中国股灾发生时(PhaseⅤ),网络的中心节点数又提升至14个,原因可能在于这一时期中国外汇市场开放程度进一步提升,人民币被宣布纳入SDR货币篮子,人民币的国际化进程进一步加快,增强了人民币的国际影响力,但美元的影响力有所削弱,新加坡元的影响力也受到相应影响发生了下降,从而国际外汇市场最小生成树网络的中心节点数进一步增加。但是到中国股灾发生后和三大"黑天鹅"事件及中美贸易摩擦加剧等极端事件的发生时(PhaseⅥ),网络的中心节点数又降至9个,表明全球化遇到了前所未有的挑战,全球经济的不确定性进一步增加,使得国际外汇市场中各个货币之间的相互影响减弱,彼此关联效应强度进一步削弱。

表4.1 分阶段子样本网络中心节点分布变化

发生阶段	中心节点数	网络中心节点所代表的货币
PhaseⅠ	13个	新加坡元(SGD)、加拿大元(CAD)、人民币(CNY)、美元(USD)、巴林第纳尔(BHD)、阿曼里亚尔(OMR)、智利比索(CLP)、阿联酋迪拉姆(AED)、博茨瓦纳普拉(BWP)、波兰兹罗提(PLN)、欧元(EUR)、丹麦克朗(DKK)

续表

发生阶段	中心节点数	网络中心节点所代表的货币
Phase Ⅱ	11个	智利比索(CLP)、日元(JPY)、美元(USD)、人民币(CNY)、沙特里亚尔(SAR)、马来西亚吉特(MYR)、新加坡元(SGD)、俄罗斯卢布(RUB)、瑞典克朗(SEK)、匈牙利福林(HUF)、欧元(EUR)
Phase Ⅲ	10个	沙特里亚尔(SAR)、卡塔尔里亚尔(QAR)、美元(USD)、智利比索(CLP)、新加坡元(SGD)、马来西亚吉特(MYR)、澳大利亚元(AUD)、瑞典克朗(SEK)、欧元(EUR)、南非亚兰特(ZAR)
Phase Ⅳ	11个	智利比索(CLP)、尼泊尔卢比(NPR)、卡塔尔里亚尔(QAR)、美元(USD)、阿联酋迪拉姆(AED)、新加坡元(SGD)、澳大利亚元(AUD)、南非亚兰特(ZAR)、波兰兹罗提(PLN)、丹麦克朗(DKK)
Phase Ⅴ	14个	韩元(KRW)、人民币(CNY)、智利比索(CLP)、美元(USD)、澳大利亚元(AUD)、新加坡元(SGD)、沙特里亚尔(SAR)、阿曼里亚尔(OMR)、墨西哥比索(MXN)、日元(JPY)、英镑(GBP)、匈牙利福林(HUF)、欧元(EUR)、印度卢比(INR)
Phase Ⅵ	9个	沙特里亚尔(SAR)、美元(USD)、阿联酋迪拉姆(AED)、人民币(CNY)、新加坡元(SGD)、澳大利亚元(AUD)、博茨瓦纳普拉(BWP)、匈牙利福林(HUF)、欧元(EUR)

从单只货币在国际外汇市场中的影响范围来看,美元(USD)和新加坡元(SGD)两只货币在各个时期阶段的影响范围始终较大,表明虽然经历了次贷危机和欧债危机的冲击,以美元为主导的世界货币在国际外汇市场中依然居于核心地位,对整个国际外汇市场的影响范围最大,同时新加坡作为全球的金融中心和航运中心,具有较大的贸易和金融关联性,体现在新加坡元在各个阶段展示了较大的影响范围。除了欧债危机发生后(PhaseⅣ),欧元(EUR)在国际外汇市场网络中均作为中心节点出现,表明欧元在国际外汇市场中具有较大的影响范围,这与欧元区国家在全球经济和金融体系中具有举足轻重的影响有关。人民币(CNY)除了在欧债危机发生时(PhaseⅢ)和发生后(PhaseⅣ)外,在其他阶段均作为国际外汇市场网络的中心节点存在,表明随着中国经济改革和对外开放不断推进及金融体制的不断市场化,中国已成为全球第一贸易国和第二大经济体,中国的经济和金融与世界的联系日益紧密,反映出人民币在国际化的进程中所具有的国际影响范围与日俱增。其他区域性中心节点货币在各个时期阶段表现出各自的影响范围,从而促进本区域的货币与世界其他货币发生相互关联和联动。

进一步通过对国际外汇市场网络中的节点度进行测量,可以判断某个节点在网络中的影响力和重要程度,在此选择节点度作为计算网络中心度的指标,并选取各个阶段位列前五的节点所对应的货币作为国际外汇市场上影响力较大的货币。表4.2展示了分阶段子样本下国际外汇市场最小生成树网络中影响力较大的五种货币的度分布情况,从各个阶段国际外汇市场网络中最大的度(依次为6、10、6、7、6、7)变化来看,虽然网络中心节点与其他货币的关联性整体处于微弱上升趋势,但是仅在美国次贷危机发生(PhaseⅡ)的前后阶段,国际外汇市场网络的度变化相对较大,表明次贷危机爆发时美元在国际外汇市场中是危机的传染源,对其他外汇市场货币具有很强的传染力,其他时期的国际外汇市场网络的中心节点影响力相对较小,而且次贷危机严重冲击了世界金融体系,使得国际金融体系发生了一定程度的重塑。

表4.2 分阶段子样本下国际外汇市场关联网络中影响力较大的前五种货币的度

阶段	货币	度	阶段	货币	度	阶段	货币	度
Phase Ⅰ	新加坡元	6	Phase Ⅲ	卡塔尔里亚尔	6	Phase Ⅴ	美元	6
	美元	4		美元	6		人民币	5
	人民币	4		欧元	5		澳大利亚	4
	欧元	4		新加坡元	4		英镑	4
	澳大利亚元	4		澳大利亚	4		日元	4
Phase Ⅱ	美元	10	Phase Ⅳ	美元	7	Phase Ⅵ	新加坡元	7
	日元	4		新加坡元	7		美元	6
	新加坡元	4		卡塔尔里亚尔	5		人民币	4
	俄罗斯卢布	4		丹麦克朗	3		欧元	4
	匈牙利福林	4		南非兰特	3		沙特里亚尔	4

从各阶段国际外汇市场网络中货币度的比较来看,美元在国际外汇市场上的影响力占主导地位,对整个国际外汇市场的影响最大;同时新加坡作为全球的金融中心和航运中心,新加坡元在各个阶段展示了较大的国际影响力;随着人民币的国际化进程不断加快,中国的汇率制度日益成熟、开放,使得人民币汇率波动与国际外汇市场的关联联动性更加灵敏,反映了人民币作为世界第二大经济体所对应的国际影响力发生了不同程度的提升;欧元的影响力也较大,说明欧元在外汇市场中具有举足轻重的地位;其他度较大的货币在各阶段各自展现出对国际外汇市场网络存在或大或小的影响力。

4.3.2 网络的宏观结构数值分析

从宏观整体视角考察各个阶段子样本国际外汇市场中各个货币之间的关联网

络结构特征,有助于了解和把握国际外汇市场关联网络的结构性和稳定性。表4.3给出了六个分阶段子样本下的国际外汇市场最小生成树网络拓扑结构指标的数值结果,具体选择三个关联网络结构特征宏观指标,分别为平均相似度、标准化树长、平均占有层,从而分析国际外汇市场网络的拓扑结构特征。在计算平均占有层时,中心节点选择各阶段下最小生成树中度数最大的节点。

从表4.3中网络拓扑结构指标的变化进行分析可知,平均相似度总体处于下降趋势,具体表现为在金融危机爆发(Phase II和III)时,平均相似度开始下降,表明国际外汇市场的最小生成树网络在危机爆发时会变得更加稀疏,随后在中国股灾发生时平均相似度进一步下降,最小生成树网络进一步变得稀疏,至中国股灾发生后,其平均相似度有所增大,表明国际外汇市场最小生成树网络的紧密性相对有所上升。同时从标准化树长在不同阶段的变化也能反映出国际外汇市场最小生成树网络的稀疏程度变化,表明金融危机等金融和政治极端事件的发生对国际外汇市场关联性产生了巨大的冲击影响。

表4.3　国际外汇市场最小生成树网络的宏观拓扑结构指标的数值结果

分阶段网络度量指标	Phase I	Phase II	Phase III	Phase IV	Phase V	Phase VI
平均相似度(MSM)	1.3109	1.2994	1.2945	1.2914	1.2820	1.3268
标准化树长(NTL)	0.8673	0.8865	0.8996	0.9107	0.9725	0.8596
平均占有层(MOL)	5.7727	4.0682	4.0909	5.5000	4.5000	3.7955

根据Onnela等对平均占有层(MOL)的研究结论:平均占有层的数值越大,则关联网络发生崩塌的概率越小,网络的结构性与稳定性越好。[97-98] 表4.3中显示出平均占有层在美国次贷危机($MOL_{II} = 4.0682$)和欧债危机($MOL_{III} = 4.0909$)发生时的数值,均小于危机发生前和发生后($MOL_{I} = 5.7727, MOL_{IV} = 5.500$),这表明在金融危机发生时国际外汇市场网络的结构性与稳定性会变得更差,而且欧债危机发生时的最小生成树网络的结构性与稳定性比次贷危机发生时的要好,反映出次贷危机比欧债危机对全球外汇市场的冲击和破坏影响更大。同时在中国股灾发生时的最小生成树网络平均占有层为4.5000小于中国股灾发生前,但大于股灾发生后及极端事件发生时的值($MOL_{VI} = 3.7955$),说明中国股灾对国际外汇市场关联网络结构具有一定的冲击影响,但是随着"逆全球化"浪潮的趋势日益明显和不确定性极端事件的频繁出现,进一步冲击了国际外汇市场,使得关联网络的结构性和稳定性进一步下降。

本 章 小 结

为了对第3章复杂网络分析结果进行稳健性验证和分析,根据最小生成树和分层结构树的网络连通特点,分别构建了国际外汇市场最小生成树和分层结构树,全面解析了全样本及分阶段子样本周期内网络关联关系和聚集特征,并进一步从微观和宏观视角来考察国际外汇市场最小生成树网络的拓扑结构及其演化特征,具体得出的主要结论如下:

(1) 基于最小生成树的国际外汇市场关联网络的稳健性分析表明,各个货币在全样本及分阶段子样本周期内的国际外汇市场最小生成树网络中具有显著的地理聚集特征。美元依然在国际外汇市场中处于主导地位,但其在全球金融中心的地位有所减弱,人民币在各个阶段的最小生成树网络中与美元大多直接关联,在国际化的进程中所具有国际影响力呈现出上升趋势,欧元在欧洲货币中的影响力相对较强。从各板块在最小生成树的"树干"位置进行判断,各个板块之间以直接或间接的方式相互关联、彼此连通、互通可达,各板块所扮演的角色及其之间存在的相互关系、影响程度与第3章中复杂网络块模型分析结果基本相符,从而验证了第3章中分析所得结论具有良好的稳健性。

(2) 基于分层结构树的国际外汇市场关联的稳健性表明,无论是全样本周期内还是分阶段子样本下的分层结构树的聚类划分类别与第3章中块模型分析结果比较接近,而且不同阶段样本下的聚类在国际外汇市场中相互影响、相互连通,所扮演的角色和作用也与块模型中各板块所具有的作用和角色基本一致,从而证实了第3章中复杂网络分析的结论具有较好的稳健性。

(3) 基于国际外汇市场最小生成树网络的微观拓扑结构特征,网络的中心节点数在各个分阶段处于减少的趋势,金融危机对国际外汇市场产生了不同程度的冲击影响,使得区域金融中心的货币影响力有所减弱,并随着"逆全球化"浪潮和贸易保护主义的不断加强,使得国际外汇市场中各个货币之间的相互影响出现减弱的态势、关联性进一步削弱。虽然经历了金融危机的冲击,美元在国际外汇市场中依然居于核心地位,对整个国际外汇市场的影响范围最大、影响力最强,同时作为全球金融中心和航运中心的新加坡在国际外汇市场网络中也具有重要的贸易和金融关联影响,欧元在国际外汇市场网络中展现出较大的影响范围,并具有较强的影响力,随着中国经济改革和对外开放的不断推进及金融体制的不断市场化,中国的经济和金融与世界的联系日益紧密,人民币在国际化的进程中所具有的国际影响范围和影响力与日俱增。

(4) 基于不同阶段的国际外汇市场最小生成树网络的宏观拓扑结构特征,国际外汇市场最小生成树网络的紧密性在金融危机爆发时开始出现下降,直至中国股灾发生后网络的紧密性才有所上升。在次贷危机发生时国际外汇市场网络的结构性与稳定性会变得更差,而且欧债危机发生时的最小生成树网络的结构性与稳定性比次贷危机发生时的更好,反映出次贷危机比欧债危机对全球外汇市场的冲击和破坏影响更大。中国股灾对国际外汇市场关联网络结构具有一定的冲击影响,但是随后"逆全球化"浪潮的趋势日益明显和不确定性极端事件的频繁发生,进一步冲击了国际外汇市场,使得关联网络的结构性和稳定性进一步下降。

(5) 国际外汇市场最小生成树的微观和宏观拓扑结构在各阶段的变化趋势,与第3章中分阶段样本下关联有向网络的结构变化基本相似,也进一步验证了复杂有向网络法测度分析关联效应结论的稳健性良好。

第 5 章 国际外汇市场关联的驱动机制分析

随着经济全球化、金融一体化和自由化地不断推进,各国为了更好地适应世界经济发展潮流,充分利用国际经济环境,纷纷选择主动开放国内外汇市场,逐渐形成了与国际接轨的自由浮动的汇率制度。与此同时,全球金融危机和各种极端事件严重冲击了国际外汇市场,导致了货币的非正常贬值,加深了金融危机的纵向和横向蔓延,从而极大地影响着全球经济的发展。从第 3 章和第 4 章的分析可以看出,国际外汇市场之间存在显著的关联关系,彼此之间以直接或间接的方式发生联系和互通,风险或收益在国际外汇市场得以顺利传递,各国货币因汇率的波动信息在国际外汇市场中的不同反馈而发生不同程度的货币贬值或升值,促进了外汇市场风险的产生和溢出,从而使国际外汇市场关联效应和联动特征日益显著。那么国际外汇市场中各个货币之间发生关联的原因是什么?促进国际外汇市场关联的驱动作用因素是什么?本章基于 2006—2018 年全球 44 个国家或地区外汇市场货币的汇率收益率及相关数据对国际外汇市场关联的驱动机制进行分析,从而有助于在进一步深入探究外汇市场风险传染原因、辨识风险传染方向、厘清风险传染路径和机制方面提供相关理论参考。

5.1 关联的存在性理论与假设

5.1.1 存在性理论分析

国际外汇市场之间的关联性主要是由经济基本面、投资者行为、地理文化和政策冲击所引起的,各外汇市场之间的关联效应不仅可能通过政策变量进行传导,还可能通过外部市场冲击、市场资本化率等因素进行传导。[111-123]

1. 基于汇率和贸易联系的国际外汇市场相互关联

全球各个国家之间的汇率市场具有的关联效应主要是由货币价格——汇率决

定的,根据绝对购买力平价理论,在充分有效的国际外汇市场上,国际资本总是流向被低估的汇率市场;反之,流出被高估的汇率市场,从而使得国际外汇市场之间发生关联联动。经济制度或经济运行模式等相似性越高的国家或地区之间存在的合作与分工联系会更加紧密,具体表现为形成某种形式的经济联盟,从而彼此汇率市场之间的关联性也会越强;反之,关联性则表现越弱。

国际贸易及其引起的跨国资金流动是国际外汇市场之间存在关联联动的另一原因。当某一国家的经济发展处于较快上升期、经济发展状况较好时,国民所获得的分配收入随之增加,进而刺激了国际贸易进出口的增长,贸易进出口的增长会使得资本的流入和流出频率相应增大,资金的流动性获得了相应增加,从而在国际外汇市场上出现了货币汇兑的增加,这种正向传导机制会促进外汇市场的发展传递,并促使外汇市场关联联系增加。在经济全球化和金融自由一体化的背景下,各个国家之间的经济关联性不断增强,形成了以地理位置或地缘优势的区域化经济贸易合作联盟,如中国提出的"一带一路"合作,把亚洲、非洲、欧洲等地区的贸易往来上升到了一个新的层次。同时各个国家或地区也在建立其他各种形式的经济联盟,从而在一定程度上促进了经济全球化和金融自由化的发展,使得外汇市场之间的关联紧密性日益提高。

汇率的波动变化对一国国际贸易产品的价格会产生影响,进而影响该国的国际贸易竞争力,在世界贸易形势发展较为严峻的环境下,外贸公司一般通过资本市场进行融资,当一国汇率发生变动时,其贸易额也会随之发生变化,进而使资本市场产生波动,从而加速资金的流动,造成汇率发生循环波动,使得国际外汇市场发生关联联动。

2. 基于市场传染的国际外汇市场相互关联

最早提出市场传染理论的学者是 King 和 Wadhwani,市场传染理论从投资者的预期、国家外债和资本市场三个视角来分析外汇市场的关联效应。非理性预期是影响投资者对市场预期的主要影响因素,在非理性预期下,外汇投资者通常会过分相信从市场上获得的相关信息,但对这些信息的真实性并未真正进行判定,当某一汇率市场出现较大波动时,这种非理性行为引发的波动会传导到另一市场,从而形成了非理性预期市场。在非理性预期市场中,市场信息往往表现出非对称性,投资者很难从市场中获取真实有效的市场信息,从而投资者通常会选择相信自己在市场中表现出的信息。例如,当美元由于某种原因发生贬值或升值时,人民币也会随着美元的波动变化发生相应的波动反应。

在经济全球化和金融自由化的背景下,各个国家之间的经济、金融、政治及军事联系日益密切,当金融危机爆发时,经济发展较好的国家或地区也会受到来自金融危机发源国的巨大冲击和影响。资本的国际流动引发的波动效应在相互溢出的过程中会进一步延伸和蔓延,导致国际金融市场发生不同程度的波动,并进一步波及国际外汇市场,这类似"蝴蝶效应",由于全球市场的相互关联,如果某一国家发生经济或政治极端事件,那么全球经济和金融市场便会遭受巨大影响。外汇市场是金融市场的重要子市场,汇率波动的市场化是资本全球化的重要内容,汇率的变化代表了资产货币化的价格波动,并对资金的供需平衡产生相关反应,因而汇率市场的变动对资产价格的变动有着非常重要的影响。在全球性货币量化宽松政策的环境下,资本流动性越来越好,带动了大量资金在国际外汇市场上汇兑的频率越来越高,进而日益增加的资金全球流动性推动了国际外汇市场之间的动态关联。

一国的经济状况的好坏决定着该国外债的偿还能力,当该国经济状况表现不佳或恶化,在到期偿还时就可能引发债务危机,随着债务危机的扩散,就会对债权国的经济金融产生不利影响,进而反映到资本市场,使得资本的流入和流出发生变化,引发大量资金的频繁汇兑,最终在外汇市场上影响汇率的波动。

3. 基于资产组合平衡理论的国际外汇市场相互关联

该理论认为汇率在外汇市场上的高低是由不同货币之间的供求平衡关系决定的,货币需求的上升或下降会导致货币的升值或贬值,即汇率的上升或下降。在国际资本市场上,汇率是由国际资本在有价证券市场上的均衡决定的,当证券价格上涨时,会引起更多外国投资者的投机需求,进而本币需求就会增加,并引起货币的升值,从而外汇市场的投机需求会相应增加,最终使得外汇市场发生关联联动。同时由于财富效应的影响,证券价格的上升推动了货币需求的上升,进而导致货币利率的上升,引发本国汇率的上涨,从而货币的投机需求也会增加,最终使得外汇市场发生相互关联效应。因此,这种因国际资本不断重组引起的汇率变动,带动了货币在外汇市场上出现供求变化,从而导致国际外汇市场发生关联联动。

4. 基于溢出效应的国际外汇市场相互关联

溢出效应广泛存在于外汇市场,通过市场信息的逐步传递,从而在不同市场之间形成了溢出效应。溢出效应可以根据收益率序列具有不同的均值和标准差而相应分为均值溢出和波动溢出,其中,汇率收益率序列的均值溢出效应是指上一期的收益率变化对当期本市场的收益率变化产生的影响。汇率收益率序列的波动溢出效应更加突出上一期波动对当期本市场收益率的冲击影响。在真实的国际外汇市场中,由于汇率波动信息的传递具有相对较高的有效性,进而波动溢出相对均值溢出传导更快,造成波动溢出效应在市场上会逐步加强,均值溢出效应相对会逐渐弱化,最终使得波动溢出效应对国际外汇市场的影响作用更加显现。

由于各个国家或地区在文化习俗和时区等方面存在差异,使得外汇市场交易的开市和闭市时间差异较大,使得国际外汇市场基本处于全天24小时不间断交易状态。当某一市场交易信息传递到其他外汇市场时,必然使得信息表达和价格反应产生不同程度的时间滞后效应,进而最先接收到市场交易信息和随之做出相应对策反应的外汇市场,会对未来市场的价格变化表现出一定的长记忆性。由此可以看出,国际外汇市场发生波动是由各个外汇市场具有不同步或不对称的市场交易信息反应滞后造成的,这种不同步或不对称的程度越大,产生的波动溢出效应就会越强,进而加大了外汇市场之间的汇率变动,从而促进了外汇市场之间的关联联系程度的提高。随着各个国家的外汇市场一体化程度的不断提高,通过观察某一外汇市场货币汇率的波动变化,预测关联性相对较高的其他外汇市场货币汇率的波动走势,从而有利于促进国际外汇市场关联关系的提升。总之,由于波动溢出效应在国际外汇市场之间的普遍发生,当某个市场的汇率波动溢出到其他关联市场时,会造成其他市场的汇率发生相应波动,即国际外汇市场之间的联动效应和关联紧密性会得到提升。

5.1.2 研究假设提出

根据国际外汇市场关联效应的存在性理论分析及参考相关研究范式[123],并兼顾数据的可获得性,本章从经济发展、国际贸易、股票市场、利率、通货膨胀、技术创新及货币政策等因素来构建全球化背景下国际外汇市场关联的驱动影响分析框架,进而探讨驱动外汇市场国际关联的作用机制。在指标运用上,以国内生产总值增长率来表征实体经济发展程度,以进出口贸易水平来表征国际贸易水平,以 S&P 全球股票指数年率来表征股票指数价格波动情况,以短期贷款利率来表征利率波动变化,以居民消费物价指数(CPI)来表征通货膨胀,以全球创新指数来表征技术创新,以货币供给量来表征货币政策。

1. 经济发展差异性与国际外汇市场关联

宏观实体经济的发展状况是金融市场发展的基础,金融市场的表现与宏观经济的表现具有同步性,从而宏观经济周期与经济结构决定了金融市场周期,而外汇市场作为金融市场的重要子市场,自然也会决定于宏观经济,因此,各个国家的实体经济发展对国际外汇市场产生关联效应具有非常重要的驱动作用。具体而言,当宏观实体经济处于复苏和快速发展的繁荣时期时,整体经营良好的各类企业,它们的财务收益和经营利润都处于较高状态,反映出企业的证券价格在资本市场上呈现上涨态势,国际资本就会大量涌入本国市场,造成本币的需求和汇兑大量增加,从而有利于外汇市场之间的关联联系和动态联动。反之,当宏观实体经济处于衰退和危机时期时,企业的整体运转和财务情况就处于不利境地,反映到资本市场上就是企业的证券价格大幅下跌,促使本国资本到境外进行投资,造成对外币的需求和汇兑大量增加,从而促进外汇市场之间的动态关联联动。可见,经济发展与国际外汇市场关联之间存在着紧密的联动关系,不同国家或地区间经济发展的差异性可能会影响国际外汇市场的关联性,不同国家或地区间经济发展差异性越小,代表彼此之间的共性越大、经济贸易联系程度越强,越有利于资本流和资金流的有效流动,反映到外汇市场上的汇率会发生相应波动,从而促进外汇市场之间的互动联系。据此,本研究提出用国家或地区间的经济发展差异性指标来探讨国际外汇市场关联的影响作用机制,并提出如下研究假设:

假设 H1:国家间经济发展差异性对国际外汇市场关联具有反向促进作用。

2. 国际贸易水平差异性与国际外汇市场关联

尽管全球贸易保护主义的势头有所加强,但是经济全球化和贸易自由化仍然是当今世界经济发展的潮流与趋势,并随着这一趋势的继续推进和明显,国际贸易对世界各国经济发展的作用有增无减。随着全球各国经贸联系的不断加强,各国之间的经济关联性明显提升,当国际进出口贸易发生不同变化时,造成外币和本币的汇兑需求也将发生不同程度的变化,进而频繁的国际贸易使得各国对本币和外币的需求会相应增加,从而加强了国际外汇市场的关联效应强度,一方面使得外汇市场受到其他国家经济形势变化的影响;另一方面也会使得国际外汇市场容易受到单一国际经济形势变化的波动影响。可见,国际贸易与国际外汇市场之间存在着密切的关联关系,不同国家或地区间国际贸易水平的差异性可能会影响国际外汇市场的关联性,因为进出口贸易水平代表着国家或地区间经济和金融的联系程度,彼此之间国际贸易水平差异性越小,国家或地区间经济总体实力较为相近,进而他们之间具有更好的合作基础,有利于经济贸易联系的加强,带来货币资金在国际市场上的流动和汇兑,造成汇率的波动变化和联动反应,从而可以有效促进外汇市场国际关联性的增大。据此,本研究提出用国家或地区间的国际贸易水平差异性指标来探讨国际外汇市场关联的影响作用机制,并提出如下研究假设:

假设 H2:国际贸易水平差异性对国际外汇市场关联具有反向促进作用。

3. 资本(股票)市场波动差异性与国际外汇市场关联

外汇是国际投资者在国际范围内进行投资以及资产转换中必须面临的重要环节。一方面,股指的频繁波动加大了股票市场的风险溢出,也增加了管理成本,不利于投资者进行跨国投资,进而削弱了国际外汇市场的关联效应;另一方面,国际投资者更倾向于将资本投资于股票市场相对平稳的国家,股指的合理变化有利于境外资金的正常流动,降低了资本的交易风险,从而促进了国际外汇市场的关联联动。可见,股票市场波动与国际外汇市场关联之间存在着密切的相关性和交互性,股票市场的相似性、联动性和复杂性能促进资本流、资金流、信息流及技术流等在不同国家或地区之间发生流入和流出以及动态调整,进而货币汇兑的频率也会相应增加,从而引发汇率变化的联动效应,并促进不同外汇市场之间发生不同程度的关联效应。据此,本研究提出用国家或地区间的股票市场波动差异性指标来探讨国际外汇市场关联的影响作用机制,并提出如下研究假设:

假设 H3:股票市场波动差异性对国际外汇市场关联具有反向促进作用。

4. 利率差异性与国际外汇市场关联

利率变化引起汇率波动主要是通过经常账户和国际资本流动的传导而间接发生作用。当贷款利率上升时,信贷就会出现紧缩,进而贷款相应下降,消费和投资也会进一步随之下降,使得商品价格下降,在一定程度上就会对进口产生相应的抑制作用,从而出口会相应增加,外汇供需平衡发生变化(供给增加、需求下降),引发外汇汇率下跌和本币汇率上升;反之,外汇需求增加,引发外汇汇率上升和本币汇率下跌。当利率上升时,国际资本就会流入利率上升的经济体,进而本币和外汇需求会相应增加,同时资本外流的下降减少了国际收支逆差,对本币汇率的上升起到了较大的支撑作用,从而引起本币汇率上升和外汇汇率的下跌。反之,可能导致国际资本外流,增加外汇需求,减少国际收支顺差,导致外汇汇率上升和本币汇率的下降。可见,贷款利率波动与国际外汇市场关联之间存在着一定程度的关系,国家或地区间贷款利率差异性越小,彼此之间形成的利率差就会越小,进而对彼此的金融投资需求就会下降,这就不利于资本或资金在国际市场上的流入和流出,从而国际外汇市场之间的关联效应可能会减弱。据此,本研究提出用国家或地区间利率差异性指标来探讨国际外汇市场关联的影响作用机制,并提出如下研究假设:

假设 H4:利率差异性对国际外汇市场关联联动具有正向促进作用。

5. 通货膨胀差异性与国际外汇市场关联

当一国经济处于良性上升增长期时,随着货币供应量的增长,利率水平就会相应发生下降,进而超发货币就会流入实体经济,引发物价的上涨,致使通货膨胀率上升,这意味着货币的购买力减弱,汇率下降,按照购买力平价理论,该国的货币走弱,从而刺激中央银行提高利率水平;反之,通货膨胀率下降,意味着货币的购买力增强,汇率上升,按照购买力平价理论,该国的货币走强,从而刺激中央银行降低利率水平。因此,外汇市场上的投资者往往通过购买高利率的货币、再卖出低利率的货币来赚取中间价,从而实现不同外汇市场的关联联动。通货膨胀在带来物价上涨的同时,也会使得本币贬值,外币的购买力相对上升,进而带来出口的增长、进口的下降,这种通过贸易联系进一步传导到外汇市场,使之发生货币的汇兑,从而发生不同外汇市场的关联联动。可见,通货膨胀与国际外汇市场关联之间存在着一定程度的关系,通货膨胀在不同国家或地区间的差异性,使得本币贬值和外币相对升值存在不同程度的落差,有利于形成货币资金流的流入和流出,引发货币汇率发生联动反应,从而推动国际外汇发生关联效应。据此,本研究提出用国家或地区间通货膨胀差异性指标来探讨国际外汇市场关联的影响作用机制,并提出如下研究假设:

假设 H5:通货膨胀差异性对国际外汇市场关联具有正向促进作用。

6. 技术创新差异性与国际外汇市场关联

随着计算机网络技术的不断发展,金融市场国际化步伐日益加快,线上交易日益频繁、便捷,网络交易可以使得外汇买卖投资通过线上网络进行,有助于形成全球统一的线上关联市场,同时打破了参与交易者在地理空间上的局限,大大节省了交易成本。由此可以看出先进的计算机网络和电子信息通信技术是外汇市场国际化和线上实时交易的重要保障,这些技术的进步保证了交易者可以在世界范围内及时获取外汇市场交易信息,并能对市场信息做出有效及时的反应,保证市场交易具有较强的时效性,从而可以不受市场营业时间的限制进行交易,使得全球外汇市场相互关联。但是任何事物都有两面性,技术进步为全球市场交易创造快速便捷的同时,也加剧了风险在不同市场之间的传播,一旦世界某地发生了影响全球的重大极端事件或金融危机,通过计算机网络通信互联技术便会很快反映到其他市场,从而引起全球外汇市场的连锁反应而发生剧烈波动和暴跌。比如2008年爆发的美国次贷危机,使得房地产价格下跌,引发房贷偿还压力,进而房地产次级贷款层层打包成次级债券价格下跌,从而在较短时间内美国次贷危机就波及蔓延形成了全球金融危机。可见,科学技术的创新与国际外汇市场关联存在紧密的关系,科技领域和知识结构较为相似的国家或地区之间较容易吸收彼此的技术流和知识流,降低不确定性,促进科技交流和合作研发,进而有利于全球外汇市场之间形成有效的市场信息传导路径和渠道,保证货币汇率波动变化的及时反应,从而有利于促进国家或地区间外汇市场的互联互通。据此,本研究提出用国家或地区间技术创新差异性指标来探讨国际外汇市场关联的影响作用机制,并提出如下研究假设:

假设H6:技术创新差异性对国际外汇市场关联具有反向促进作用。

7. 货币政策差异性与国际外汇市场关联

为了刺激经济,世界各国都偏向于采取量化宽松的货币政策,而量化宽松的货币政策往往都是在利率工具失效时才被用来调节经济,其本意是希望经济迅速复苏,但是随着量化宽松货币政策的实施,货币供应量加大,对外汇市场造成的影响主要表现为:第一,通过大宗商品渠道的货币供应增加进行传导,致使全球经济面临着通货膨胀的压力,同时其他国家在应对本国货币相对于外币升值所带来的出口下降冲击时,也会采取相应的量化宽松货币政策,进而加剧了通货膨胀的压力,并进一步在全球范围内发生传导,从而在某种程度上促进了汇率的波动,使得汇率在外汇市场上存在一定程度的上涨;第二,量化宽松的货币政策通过货币供给量的增加,会对经济的复苏具有很大刺激作用,引发全球其他关联国家的经济复苏,促使国际贸易联系越来越密切,从而进一步加大了彼此之间的资金往来和汇兑频率,最终推动了国际外汇市场的关联关系和联动效应。可见,货币政策与国际外汇市场关联之间存在着密切的关系,国家或地区之间的货币政策存在不同程度的差异性,当货币供给差异性越大时,越有利于在不同外汇市场间形成货币资金流的"势能差",进而有利于资金流在不同国家或地区外汇市场之间的流入和流出,引发资金在不同外汇市场的汇兑,带来货币汇率的波动联动,从而使得国际外汇市场之间发生关联效应。据此，本研究提出用国家或地区间货币政策差异性指标来探讨国际外汇市场关联的影响作用机制，并提出如下研究假设：

假设 H7：货币政策差异性对国际外汇市场关联具有正向促进作用。

综上所述，本书构建的研究模型如图 5.1 所示。

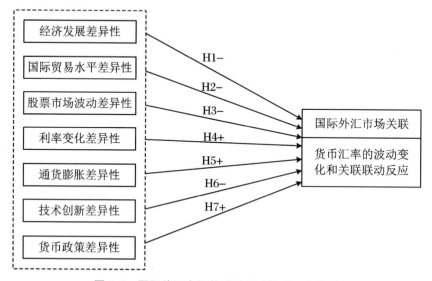

图 5.1　国际外汇市场关联的影响作用研究模型

5.2　模型确定与研究方法

5.2.1　模型确定

根据以上国际外汇市场关联的存在性理论分析、研究假设及平行数据的可得性，选择经济发展差异、国际贸易水平差异、股票市场波动差异、利率变化差异、通货膨胀差异、技术创新差异及货币政策差异七个解释变量，采用 QAP 分析方法来解析国际外汇市场关联的影响作用驱动机制，具体模型如下：

$$HJ = f(GDP, TR, SMI, IR, CPI, PG, MG) \tag{5-1}$$

式中，所有变量说明及含义详见表 5.1。

表 5.1　相关变量及其说明、含义

变　量	符　号	变量说明及含义
国际外汇市场关联矩阵	$HJ(m,n)$	根据第 3 章公式(3-1)~(3-5)计算的国际外汇市场 44×44 维关联关系矩阵
经济发展程度差异矩阵	$GDP(m,n)$	GDP_{mn} 表示国家 m 与 n 的 2006—2018 年 GDP 增长率的绝对差异,$GDP(m,n)$ 表示其 44×44 差异矩阵
国际贸易水平差异矩阵	$TR(m,n)$	TR_{mn} 表示国家 m 与家 n 的 2006—2018 年班轮航运连接指数绝对差异,$TR(m,n)$ 表示其 44×44 差异矩阵
股票市场波动差异矩阵	$SMI(m,n)$	SMI_{mn} 表示国家 m 与 n 的 2006—2018 年 S&P 全球股指年率绝对差异,$SMI(m,n)$ 表示其 44×44 差异矩阵
利率变化差异矩阵	$IR(m,n)$	IR_{mn} 表示国家 m 与 n 的 2006—2018 年贷款利率绝对差异,$IR(m,n)$ 表示其 44×44 差异矩阵
通货膨胀差异矩阵	$CPI(m,n)$	CPI_{mn} 表示国家 m 与 n 的 2006—2018 年按 CPI 计通胀年增长率绝对差异,$CPI(m,n)$ 表示其 44×44 差异矩阵
技术创新差异矩阵	$PG(m,n)$	PG_{mn} 表示国家 m 与 n 的 2006—2018 年全球创新指数绝对差异,$PG(m,n)$ 表示其 44×44 差异矩阵
货币政策差异矩阵	$MG(m,n)$	MG_{mn} 表示国家 m 与 n 的 2006—2018 年广义货币年增长率绝对差异,$MG(m,n)$ 表示其 44×44 差异矩阵

为了运用 QAP 分析法解析国际外汇市场关联的影响驱动机制,需要将上述经济特征指标中各国或地区之间表示成 44×44 差异关系矩阵。为此,首先选取 2006—2018 年实证周期内各国或地区间那些影响因素差异性指标均值,而后计算相对应的影响因素差异性指标均值之间的绝对差值,建立各差异性指标的差异矩阵,从而可以得到上述七个解释变量指标的差异矩阵。GDP 增长率、通货膨胀增长率(CPI)、广义货币(M2)增长率、短期贷款利率和全球股票指数年率等数据主要来源于新浪财经数据中的国际宏观经济数据和全球经济指标数据网,国际贸易数据则来源于联合国贸易和发展会议数据库,技术创新指数来源于世界知识产权组织官网。本部分所选用的相关变量及说明见表 5.1。

5.2.2　研究方法

数据分为属性数据与关系数据,对于属性数据的检验,通常先抽取随机样本(样本总体呈现出正态分布),而后采用最小二乘法(OLS)检验属性变量之间的关系,这属于参数检验范畴,其检验的结果可以推广到总体。当研究变量是以矩阵表示的关系数据时,会存在结构性自相关,采用最小二乘法回归分析难以检验出变量之间的关系。因此,在研究关系数据之间的关系时,通常选用 QAP(Quadratic assignment procedure)分析法,一般采用 QAP 非参数分析法对两两关联矩阵之间的关联关系进行研究,具体包括相关分析法与回归分析法,这两种分析方法的原理大致相同。[124-129]

QAP 相关分析是一种用来检验两两关系矩阵之间的各个格值(数据)是否存在相似性的方法,即比较分析两两矩阵中每一个数据元素,得出并检验他们之间的相关系数,以此判断两两矩阵是否存在相关关系;QAP 回归分析法是用来探讨单个变量关系矩阵与多个变量关系矩阵之间是否存在某种回归关系,并对回归模型判定系数是否显著进行评价。相比于传统的参数统计计量方法,QAP 分析法至少具有以下两个优点:一是无需考虑传统计量参数估计模型中自变量的独立性假设,避免了自变量之间存在的"高度相关"或"多重共线"问题;二是解决了传统参数估计方法无法检验一个关系矩阵与多个关系矩阵之间存在的某种关系是否成立的问题;可见,该方法更具有稳健性。因此,本章采用 QAP 分析法来探讨国际外汇市场关联的驱动机制。

5.3 关联的驱动机制实证分析

5.3.1 关联的相关性检验

1. 自变量之间 QAP 相关性检验

表 5.2 选取了国际外汇市场关联的驱动机制分析的各个解释变量在 2006—2018 年的描述性统计分析指标值,具体包括均值、标准差、最小值和最大值,从表中可以看出,各个国家或地区在各个变量指标之间存在不同的差距,表明世界经济和金融系统具有明显的复杂性,各个国家或地区在自身因素(如制度、资源环境等)和外部环境的作用下也各自呈现出不同的经济和金融现象,从而造成了不同的经济发展差异,并最终促进了不同市场之间的关联关系和联动效应的形成。

表 5.2 解释变量描述性统计分析

自 变 量	均 值	标准差	最小值	最大值	观测值(个)
经济发展差异性	2.140	1.872	0	9.743	1892
国际贸易水平差异性	28.699	25.024	0	125.007	1892
股票市场波动差异性	5.119	4.172	0	22.309	1892
利率差异性	5.494	7.194	0	41.127	1892

自变量	均值	标准差	最小值	最大值	观测值(个)
通货膨胀差异性	3.096	3.092	0	17.068	1892
技术创新差异性	12.914	9.546	0	42.908	1892
货币政策差异性	5.502	4.771	0	25.27	1892

表 5.3 展示了各自变量差异矩阵之间的 QAP 相关性检验，经济发展差异性与股市波动差异性、国际贸易水平差异性、货币政策差异性及技术创新差异性至少在 10% 水平下显著正相关；利率变化差异性与股市波动差异性、国际贸易差异性、货币政策差异性及通货膨胀差异性至少在 10% 水平下显著正相关；股市波动差异性还与国际贸易差异性在 10% 水平下显著的正相关；国际贸易差异性还与货币政策差异性、技术创新差异性至少在 10% 水下分别显著负相关和正相关；货币政策差异性还与技术创新差异性、通货膨胀差异性在 1% 水平下分别显著负相关和正相关；技术创新差异性与通货膨胀在 1% 水平下显著正相关。意味着这些变量指标的变化会对彼此产生不同程度的影响，同时自变量指标间存在高度相关性说明采用最小二乘法无法对国际外汇市场关联的影响驱动机制进行有效准确的回归，验证了采用 QAP 回归分析法的可行性和必要性。

表 5.3 解释变量之间的 QAP 相关性检验

自变量	经济发展差异	利率波动差异	股市波动差异	国际贸易差异	货币政策差异	技术创新差异	通货膨胀差异
经济发展差异	1						
利率变化差异	0.038 (0.453)	1					
股市波动差异	0.175** (0.044)	0.157* (0.069)	1				
国际贸易差异	0.258* (0.026)	-0.086* (0.053)	0.028* (0.096)	1			
货币政策差异	0.263*** (0.021)	0.182*** (0.063)	0.070** (0.207)	-0.036* (0.093)	1		
技术创新差异	0.026* (0.084)	0.106 (0.113)	-0.069** (0.119)	0.134** (0.033)	-0.036*** (0.000)	1	
通货膨胀差异	-0.009 (0.581)	0.230*** (0.024)	0.041 (0.250)	-0.087 (0.147)	0.768*** (0.000)	0.350*** (0.000)	1

注：括号内为 p 值，* 表示 $p<0.10$，** 表示 $p<0.05$，*** 表示 $p<0.01$。

2. 国际外汇市场关联与其影响作用因素的 QAP 相关性检验

表 5.4 列示了 QAP 相关分析方法下国际外汇市场关联关系矩阵与其影响因素差异矩阵之间相关性分析结果，实际相关系数是用随机置换后的各国或地区之间外汇市场关联关系矩阵与各影响因素矩阵两两计算得到的；相关系数均值是对矩阵随机置换得到的相关系数集合取平均得到的；最大值和最小值分别是通过随机置换计算出的相关系数集合中的最大值和最小值；$p \leqslant 0$ 是用来度量相关系数集合中小于或等于实际相关系数的概率，反之，$p > 0$。

表 5.4 国际外汇市场关联的 QAP 相关性检验结果

因素变量	相关系数	显著性水平（p 值）	标准差	最小值	最大值	$p>0$	$p \leqslant 0$
经济发展差异性	−0.013	0.096	0.061	−0.171	0.287	0.904	0.096
国贸易水平差异性	−0.070	0.051	0.060	−0.154	0.248	0.949	0.051
股票市场波动差异性	−0.067	0.062	0.059	−0.168	0.279	0.938	0.062
利率差异性	0.066	0.072	0.071	−0.153	0.203	0.072	0.928
通货膨胀差异性	0.107	0.047	0.063	−0.155	0.241	0.047	0.953
技术创新差异性	0.184	0.002	0.045	−0.123	0.293	0.002	0.998
货币政策差异性	0.111	0.042	0.059	−0.149	0.254	0.042	0.958

表 5.4 中 QAP 相关性检验显示了国际外汇市场关联矩阵与七个解释变量差异矩阵在至少 10% 的水平下显著相关，意味着经济发展程度、国际贸易水平、股市波动变化、贷款利率变化、通货膨胀、技术创新及货币供给量存在的差异性都对国际外汇市场的关联联系和动态联动产生了不同程度的影响。其中，经济发展差异性、国际贸易水平差异性及股市波动差异性与国际外汇市场关联呈现出显著的负相关关系，其余解释变量差异性与国际外汇市场关联呈现出显著的正相关关系。一方面，说明这些因素指标差异性对国际外汇市场的关联联动具有积极的影响作用，经济发展、国际贸易水平及股票市场波动等的差异性越小、其他因素差异性越大，越有利于资金流、信息流和技术流等"流体资源"在全球各国或地区的外汇市场中流动，进而提高了外汇市场的有效性，凸显了国际外汇市场关联的统一相似特征，促进了国际外汇市场关联网络的拓展和关联效应的提升。另一方面，说明 QAP 相关性分析法初步验证了除了研究假设 H6 外，其余研究假设均成立的相关性检验，同时技术创新差异、货币政策（货币供给）差异和通货膨胀差异对国际外汇市场关联联系和联动效应的影响超过了其他经济特征指标因素的影响程度。

5.3.2 关联的驱动回归分析

国际外汇市场之间产生关联效应主要是通过资本流、资金流、信息流、技术流等"流体要素资源"的流动所实现的,这种关联效应的演化不仅取决于全球各个国家或地区的经济制度和金融(外汇)市场体制,还与经济发展、利率变化、股市波动、国际贸易变化、货币政策、技术创新及通货膨胀等因素紧密相关,它们相互交织、共同作用推动了"流体要素资源"的聚合和扩散,进而在不同国家或地区之间形成差异化的规模效应、市场效应和创新效应,最终对国际外汇市场关联效应(关系)的形成和演变产生了重要的驱动作用。

表 5.5 列示了国际外汇市场关联关系矩阵与其影响因素指标差异矩阵的回归结果,表中的概率 1 和概率 2 分别表示矩阵随机置换后判断系数的绝对值不小于和不大于观察到的判定系数的概率(双尾检验)。QAP 回归的判定系数 R^2 为 0.501(调整后的 R^2 为 0.408),说明本章选择的经济特征指标变量能够解释国际外汇市场关联的 50.1% 的差异(QAP 回归判定系数一般小于 OLS 回归)。

(1) 经济发展差异性与国际外汇市场关联的标准化回归系数为 -0.001,没有通过至少 10% 水平下的显著性检验(p 值为 0.524),即经济发展差异对国际外汇市场关联呈现出不显著的负向驱动作用,验证了假设 H1 不成立,说明经济发展差异性对国际外汇市场关联难以产生有效的驱动作用。原因可能在于经济发展差异对外汇市场关联的驱动影响是通过生产要素的投入和生产形成的增加值,进而获得收益和利润,再经过扩大生产进行融资,反映到金融市场上形成了"资本流和资金流",进而间接地传导到外汇市场,在此过程中产生了许多"分流",影响到了各国或地区之间的经济发展差异性对国际外汇市场关联联系的形成,从而难以产生有效的驱动。

(2) 国际贸易水平差异性与国际外汇市场关联的标准化回归系数为 -0.087,并通过了 5% 水平下的显著性检验(p 值为 0.036),即国际贸易水平差异对国际外汇市场关联具有显著的正向驱动作用,验证了假设 H2 成立。表明国家或地区之间进出口贸易水平相差越小,越有利于各个国家或地区之间展开良好的合作,进而增强了彼此之间的经济贸易联系,使得贸易往来所需的资金汇兑增加,带来货币汇率的联动反应,从而驱动国际外汇市场之间关联效应的形成。

(3) 股票市场波动差异性与国际外汇市场关联的标准化回归系数为 -0.063,并通过了 5% 水平下的显著性检验(p 值为 0.046),即股票市场波动差异性对国际外汇市场关联具有显著的负向驱动作用,验证了假设 H3 成立。说明国家或地区间股票市场波动差异性越小,彼此受到的波动风险越小,有利于形成全球相对稳定的资本市场,进而促进资本流、资金流及信息流等"流体资源"的有效流动,并通过这些"流体资源"的流入和流出,引起货币资金汇兑频率的增加和汇率波动联动的增强,从而驱动国际外汇市场之间发生关联效应。

（4）利率差异性与国际外汇市场关联的标准化回归系数为0.042,并通过了10%水平下的显著性检验（p值为0.062）,即利率差异性对国际外汇市场关联具有显著的正向驱动作用,验证了假设H4成立。表明国家或地区间贷款利率差异越大,越有利于在不同国家或地区间形成贷款利率的"势能差",进而吸引国际资金从贷款利率低的市场流动到贷款利率高的市场,促进了资本流和资金流在不同市场之间以更快地速度发生流动,带来货币汇率的联动反应,从而对国际外汇市场之间的关联效应产生显著的驱动作用。

表 5.5　国际外汇市场关联的 QAP 回归结果

变量	非标准化回归系数	标准化回归系数	显著性水平（p值）	概率1	概率2
截距	1.269	0.000			
经济发展差异性	-0.0001	-0.001	0.524	0.476	0.524
国际贸易水平差异性	-0.001	-0.087	0.036	0.965	0.036
股票市场波动差异性	-0.004	-0.063	0.046	0.954	0.046
利率差异性	0.002	0.042	0.062	0.062	0.939
通货膨胀差异性	-0.002	-0.021	0.400	0.600	0.400
技术创新差异性	0.005	0.173	0.005	0.005	0.995
货币政策差异性	0.004	0.068	0.049	0.049	0.952

（5）通货膨胀差异性与国际外汇市场关联的标准化回归系数为-0.021,没有通过10%水平下的显著性检验（p值为0.400）,即通货膨胀差异性对国际外汇市场关联不具有显著的反向驱动作用,验证了假设H5不成立。原因可能在于,当通货膨胀幅度较小时,造成的货币贬值处于可控范围内,对国际外汇市场的影响作用也相对较小。只有通货膨胀的幅度较大或者发生了恶性通货膨胀时,才会造成货币的大幅贬值,影响某国或地区金融市场的稳定,甚至会冲击国际外汇市场,造成一连串的关联联动反应。因此,一般波动幅度的通货膨胀难以驱动国际外汇市场相互关联。

（6）技术创新差异性与国际外汇市场关联的标准化回归系数为0.173,并通过了1%水平下的显著性检验（p值为0.005）,即技术创新差异性对国际外汇市场关联呈现出显著的正向驱动作用,验证了假设H6不成立,这表明国家或地区间技术创新差异越大,越有利于促进国际外汇市场关联。原因可能在于,影响国际外汇市场交易的最直接、最主要的技术是计算机网络和信息通信技术,该项技术产业属于高技术信息产业,其发展方式不同于传统制造业,受地域性限制相对较小,促进发展的技术要求高、投入大,而且信息产业的发展渗透和扩展方式相对简单和迅速,即使经济发展较落后的国家或地区也可能实现较快甚至超越发展,进而先进国家与落后地区存在较大的资本、资金和技术差异,并在彼此之间形成了不同程度的"势能差",从而有利于技术流、资本流和资金流在不同市场间的流动,反映到外汇市场上就会引发本币与外币之间的兑换,造成货币汇率的关联联动,最终促进了国际外汇市场间发生关联联动反应。

(7) 货币政策(货币供给)差异性与国际外汇市场关联的标准化回归系数为 0.068,并通过了5%水平下的显著性检验(p 值为 0.049),即货币政策差异性对国际外汇市场关联具有显著的正向驱动作用,验证了假设 H7 成立。表明国家或地区间货币供给差异性越大,越有利于在国际金融市场上形成投资或投机需求,进而为货币资金的流入和流出提供流动基础,使得货币资金的汇兑汇率发生联动反应,从而促进了国际外汇市场之间的关联联动。

综上所述,国际外汇市场关联的产生与国际贸易水平、股票市场波动、利率变化、技术创新和货币供给等差异性存在着显著的关联关系,这些变量指标的差异性促进了资本流、资金流和技术流等"流体资源"在世界各国或地区之间发生流动,从而有效地对国际外汇市场关联产生了不同程度的驱动作用。

本 章 小 结

本章在对国际外汇市场之间的关联效应测度和关联网络结构特征进行分析的基础上,进一步运用 QAP 分析法对 2006—2018 年国际外汇市场关联效应形成的影响作用驱动机制进行了解析,主要得出以下几种结论。

(1) 从经济贸易联系、市场传染、资产组合平衡理论、溢出效应四个方面,对国际外汇市场之间发生关联的存在性进行了理论分析,表明国际外汇市场之间主要通过贸易关联和金融传染关联进行传导联动,并由不同国家或地区之间的货币汇率关联变化来驱动国际外汇市场发生不同程度的关联联动。

(2) 基于关联的存在性理论、相关研究范式以及平行数据可获得性,选择了经济发展、国际贸易水平、股票市场波动、利率变化、通货膨胀、技术创新和货币政策七个差异性指标来构建国际外汇市场关联的影响作用驱动机制 QAP 分析模型。QAP 相关性分析表明,自变量指标之间存在的高度相关性,验证了采用 QAP 分析法的可行性和必要性,同时初步验证了经济发展差异性、国际贸易水平差异性及股市波动差异性与国际外汇市场关联呈现显著的负相关关系,利率变化差异性、通货膨胀差异性、技术创新差异性和货币政策差异与国际外汇市场关联存在显著正相关关系。

（3）国际外汇市场关联与选取的七个变量指标差异性之间的 QAP 回归分析表明,国际外汇市场的关联产生与国际贸易水平、股票市场波动、利率变化、技术创新和货币政策等差异性存在显著的关联关系,这些变量指标的差异性促进了资本流、资金流和技术流等"流体资源"在世界各国或地区之间发生流动,从而有效地驱动了国际外汇市场关联效应的形成。

第 6 章 国际外汇市场关联的风险传染效应测度分析

国际外汇交易市场作为世界最大的金融产品交易市场,外汇交易是投资和理财的一种重要方式,各种形式的贸易、投资、投机和对冲的频繁发生,使得国际外汇市场上各个国家或地区的货币之间发生了频繁的汇兑和汇率波动,加上金融危机和各种极端事件的冲击影响,从而引发了市场风险在国际外汇市场上的蔓延、传染和溢出。大量的实证研究表明,如果一国爆发金融危机等极端事件,那么全球其他国家或地区的资产价格出现过度关联和联动,从而外汇市场成为金融危机或风险传染的主要渠道之一。根据金融风险传染的定义,完全分割下的金融市场之间不会发生金融传染,而当今世界处于经济全球化和金融一体化的进程中,各个国家或地区的经济和贸易高度关联,同时本书前述研究已经发现国际外汇市场之间存在显著的关联效应和互动关系。因此,本章尝试进一步对国际外汇市场关联的风险传染效应和非线性关系进行分析,进而明晰金融危机和极端风险冲击下国际外汇市场关联联动的强弱变化特征,厘清外汇风险和溢出效应的传染机制,从而为投资者选择外汇投资策略和监管者采取货币政策、汇率制度、金融风险预警机制及干预传染效应等策略提供借鉴。

6.1 研 究 方 法

1978 年 Koenker 和 Bassett 首次提出了分位数回归模型,相比于普通最小二乘法,分位数回归模型因具有良好的性质(不需要对误差项的分布做任何假设,适用于存在异常情况的数据,也不需要关注变量的尾部特征,而且对非正态分布序列具有更加稳健的回归结果)而被广泛应用于风险管理领域。[49, 130-132] 随后,Engle 和 Manganelli 认为股票收益率的波动聚集风险(VaR)具有自回归性质,并在分位数回归模型的基础上提出了条件自回归风险价值(CAViaR)模型来测度金融市场的尾部风险。[50,65,133-137] 然而,CAViaR 模型仅适用于单个变量的尾部风险度量,对多个变量之间的风险测度无能为力。White 等为了对多个金融市场或资产的风险传染进行研究,在 CAViaR 模型基础上又进行了扩展,提出了多元多分位数条件自回归风险价值(MVMQ-CAViaR)模型来探讨多变量间的尾部关联风险传染溢出效应。[51]笔者拟采用 MVMQ-CAViaR 模型分析国际外汇市场尾部关联的风险传染和溢出效应。

6.1.1 MVMQ-CAViaR 模型

与 CAViaR 模型相比,MVMQ-CAViaR 模型在金融市场风险传染和风险溢出效应的研究中至少具有五个方面的优点:第一,该模型对风险溢出效应的度量具有更高的准确性和更快的运算效率;第二,该方法为非参数估计法,在对收益率序列进行估计时,无需事先对其联合分布进行假设,解决了模型误设引发的有偏估计风险;第三,模型中的分数自回归项可以较好地显现金融时间序列的波动聚集现象;第四,该模型描述和刻画了金融市场之间在不同分位数水平上的关联性,较好地解决了数据中存在的异常值问题,展现出相对良好的稳健性;第五,该模型可以对相依性金融时间序列的高阶矩尾部风险进行直接测度,无需对一阶条件均值和二阶条件方差进行测算,极大地简化了估计过程。[77]

MVMQ-CAViaR 模型的具体原理详述如下[77,130-137]:设概率空间(Ω, F, P_0)中的随机变量$\{(Y'_t, X'_t): t = 1, 2, \cdots, T\}$是一个平稳随机过程,$Y'_t$是由$n \times 1$维向量构成的因变量,$X'_t$是由第一个元素为 1 的有限维向量构成的自变量。假定F_{t-1}是由$Z^{t-1} := \{X_t, (Y_{t-1}, X_{t-1}), (Y_{t-2}, X_{t-2})\}$生成的$\sigma$-代数,即$F_{t-1} := \sigma(Z^{t-1})$。$F_{it}(y)$是基于$F_{t-1}$的累计分布函数(CDF),$F_{it}(y) := P_0[Y_{it} < y | F_{t-1}]$,$i = 1, 2, \cdots, n$。对于$0 < \theta_{i1} < \theta_{i2} < \cdots < \theta_{ij} < \cdots < \theta_{ip} < 1, i = 1, \cdots, n$,$Y_{it}$基于条件$F_{t-1}$的$\theta_{ij}$分位数定义成如下公式:

$$q_{i,j,t} := \inf\{y : F_{it}(y) \geqslant \theta_{ij}\} \qquad (6-1)$$

为了同时估计条件分位数$q_{i,j,t}(i = 1, \cdots, n; j = 1, \cdots, p)$,从而假定$q_t := (q_{1t}, q_{2t}, \cdots, q_{nt})$且$q_{i,t} := (q_{i,1,t}, q_{i,2,t}, \cdots, q_{i,p,t})$。对于给定的有限整数$k$和$m$,已知$k \times 1$维随机稳态拓扑序列$\{\psi_t\}$在$F_{t-1}$上是可测的。

设$\beta_{ij} := (\beta_{i,j,1}, \beta_{i,j,2}, \cdots, \beta_{i,j,k})'$且$\gamma_{i,j,\tau} := (\gamma'_{i,j,\tau,1}, \gamma'_{i,j,\tau,2}, \cdots, \gamma'_{i,j,\tau,k})$,其中,$\gamma_{i,j,\tau,k}$是$p \times 1$向量,满足如下公式:

$$q_{i,j,t} = \psi'_t \beta_{ij} + \sum_{\tau=1}^{m} q'_{t-\tau} \gamma_{i,j,\tau} \qquad (6-2)$$

其中,$i = 1, \cdots, n, j = 1, \cdots, p, \psi_t$在$F_{t-1}$上可测。模型式(6-2)被称为 MVMQ-CAViaR 模型,该模型可以被用来描述和刻画两个或两个以上金融机构或市场之间存在的金融传染特征。

θ_{ij}, β_{ij}和$\gamma_{ij} := (\gamma'_{i,j,1}, \gamma'_{i,j,2}, \cdots, \gamma'_{i,j,m})$是模型式(6-2)的待估计参数。令

第6章 国际外汇市场关联的风险传染效应测度分析

$\boldsymbol{\alpha}'_{ij} := (\boldsymbol{\beta}'_{ij}, \boldsymbol{\gamma}'_{ij}), \boldsymbol{\alpha}^* = (\alpha^*_{11}, \cdots, \alpha^*_{1p}, \cdots, \alpha^*_{n1}, \cdots, \alpha^*_{np}), \boldsymbol{\alpha}^*$ 为 $l \times 1$ 维向量,其中,$l = np(k + npn')$,把 $\boldsymbol{\alpha}^*$ 称为 MVMQ-CAViaR 模型的系数向量。$\boldsymbol{\alpha}^*$ 通过拟极大似然估计可以得出下列最优化问题的解。

$$\min_{\boldsymbol{\alpha} \in A} \bar{S}_T(\boldsymbol{\alpha}) := T^{-1} \sum_{t=1}^{T} \left\{ \sum_{i=1}^{n} \sum_{j=1}^{p} \rho_{\theta_{ij}}(Y_{it} - q_{i,j,t}(\cdot, \boldsymbol{\alpha})) \right\} \tag{6-3}$$

其中,$\rho_\theta(e) = e\varphi(e)$ 是由阶梯函数 $\varphi_\theta(e) = \theta - 1_{[e \leqslant 1]}$ 定义的标准校验函数。

系数向量 $\boldsymbol{\alpha}^*$ 拟极大似然估计 $\bar{\boldsymbol{\alpha}}_T$ 满足如下渐进正态分布:

$$T^{1/2}(\bar{\boldsymbol{\alpha}}_T - \boldsymbol{\alpha}^*) \xrightarrow{d} N(0, Q^{-1}VQ^{-1}) \tag{6-4}$$

式中,$Q := \sum_{i=1}^{n} \sum_{j=1}^{p} E[f_{i,j,t}(0) \nabla q_{i,j,t}(\cdot, \bar{\boldsymbol{\alpha}}_T) \nabla'(\cdot, \bar{\boldsymbol{\alpha}}_T)], \varepsilon_{i,j,t} := Y_{it} - q_{i,j,t}(\cdot, \bar{\boldsymbol{\alpha}}_T), \boldsymbol{\eta}_t := \sum_{i=1}^{n} \sum_{j=1}^{p} \nabla q_{i,j,t}(\cdot, \bar{\boldsymbol{\alpha}}_T) \varphi_{\theta_{ij}}(\varepsilon_{i,j,t}), V := E(\boldsymbol{\eta}_t \boldsymbol{\eta}'_t)$。

6.1.2 MVMQ-CAViaR(1,1)模型估计

本章采用 MVMQ-CAViaR(1,1) 模型来估计国际外汇市场在分位数为 1% 的尾部风险传染和溢出效应。假设已知两个随机变量 Y_{1t} 和 Y_{2t},则 MVMQ-CAViaR(1,1) 模型的 θ 分位数生成过程如下[77,130-137]:

$$\left. \begin{array}{l} q_{1t} = c_1(\theta) + a_{11}(\theta) |Y_{1t-1}| + a_{12}(\theta) |Y_{2t-1}| + b_{11}(\theta) q_{1t-1} + b_{12}(\theta) q_{2t-1} \\ q_{2t} = c_2(\theta) + a_{21}(\theta) |Y_{1t-1}| + a_{22}(\theta) |Y_{2t-1}| + b_{21}(\theta) q_{1t-1} + b_{22}(\theta) q_{2t-1} \end{array} \right\} \tag{6-5}$$

其中,$q_{it}(\theta)$ 表示市场收益率 Y_{it-1} 在 θ 概率下的条件分位数,即市场收益率对应分位点 θ 的风险价值 VaR。当 Y_{t-1} 为负值时,则 VaR 增加。由此可以看出,VaR 对称地依赖于 $|Y_{t-1}|$,从而式(6-5)可进一步简化如下:

$$q_t = C + A |Y_{t-1}| + Bq_{t-1} \tag{6-6}$$

式中,$C = \begin{bmatrix} c_1 \\ c_2 \end{bmatrix}, A = \begin{bmatrix} a_{11} & a_{12} \\ a_{21} & a_{22} \end{bmatrix}, B = \begin{bmatrix} b_{11} & b_{12} \\ b_{21} & b_{22} \end{bmatrix}$,通过拟极大似然估计,可以计算出系数矩阵 C、A、B 中元素的具体数值。

系数矩阵 A 和 B 中的元素是用来描述和刻画金融市场存在的金融传染和波动溢出,其中,系数矩阵对角线元素 a_{11}、a_{22}、b_{11} 和 b_{22} 数值在统计意义上显著不为零,表明两两外汇市场具有自相关和风险波动聚集特征。系数矩阵 A 和 B 中非对角线元素是用于描述和刻画上一期市场冲击(极端风险)对当期另一市场极端风险的影响(溢出效应)。系数矩阵的非对角线元素 a_{12} 和 b_{12}(a_{21} 和 b_{21})的数值在统计意义上显著不为零,表明市场 2 对市场 1(市场 1 对市场 2)传染了金融风险。市场之间发生的金融传染程度可以通过系数矩阵 B 中非对角线元素 b_{12} 和 b_{21} 的数值

大小来度量,系数 b_{12} 或 b_{21} 越大,表明金融传染相对越严重;类似的,传染度也可以通过系数矩阵 A 中元素 a_{12} 和 a_{21} 的大小来度量,系数 a_{12} 或 a_{21} 越小,表明溢出风险相对越大。

本章进一步借鉴 Wald 检验统计量的构造思想,原假设为 $H_0: R\beta = r$,则令矩阵 R 表示为一 $q \times 10$ 的约束矩阵,矩阵 β 为 MVMQ-CAViaR(1,1) 模型估计得出来的 10×1 维系数矩阵,因此,对 MVMQ-CAViaR(1,1) 模型估计下的两两国际外汇市场之间发生的尾部风险传染和溢出效应是否具有显著性进行检验的 Wald 统计量具体公式如下[77,130-137]:

$$(R\bar{\beta} - r)'[R \times VC_T \times R']^{-1}(R\bar{\beta} - r) \xrightarrow{d} \chi^2(q) \qquad (6-7)$$

式中,$VC_T = (Q^{-1}VQ^{-1})/T$ 是系数的方差协方差矩阵,Q 和 V 的具体数值选取和 6.1.1 节相同。

在具体识别随机变量 Y_{1t} 和 Y_{2t} 之间是否发生了显著的尾部风险传染过程中,令 $q = 4, r = 0$,并设定原假设 $H_0: a_{12} = a_{21} = b_{12} = b_{21} = 0$,当 Wald 统计量大于显著性水平下的临界值时,表明国际外汇市场两两之间发生的尾部风险传染具有显著性,反之,彼此之间发生的金融传染不具有显著性。

为了提高 MVMQ-CAViaR(1,1) 模型在具体模拟估计时的效率,本章借鉴已有相关文献采用的两步估计法[51-57]:第一步,在设定分位点为 1% 的情况下,选取样本前 100 个观测值来初始化 $q_{it}(i = 1,2)$,在此基础之上,将单变量 CAViaR 模型(Engle 等)参数估计出的具体数值来作为下一步优化的初始估计系数;第二步,通过单纯形算法(Simplex Algorithm)和拟牛顿算法对 MVMQ-CAViaR(1,1) 模型式(6-5)中的参数进行优化,并最小化拟极大似然估计目标函数,从而可以计算出相应的系数矩阵 β。

6.1.3 脉冲响应函数与动态分位数检验

1. 分位数脉冲响应函数

为了研究国际外汇市场之间的动态关联互动关系,本章采用 White 等提出的分位数脉冲响应分析(QIRF)来描述和刻画市场信息冲击对外汇市场汇率收益率序列的尾部风险动态脉冲响应影响过程,其分析步骤具体如下[51,77]:

第一步,假设外汇市场汇率收益率序列形成过程满足

$$\begin{bmatrix} Y_{1t} \\ Y_{2t} \end{bmatrix} = \begin{bmatrix} \alpha_t & 0 \\ \beta_t & \gamma_t \end{bmatrix} \begin{bmatrix} \varepsilon_{1t} \\ \varepsilon_{2t} \end{bmatrix}$$

市场的冲击强度依赖于 Cholesky 分解矩阵

$$\begin{bmatrix} \alpha_t & 0 \\ \beta_t & \gamma_t \end{bmatrix}$$

第二步,对原始收益率序列 Y_{1t} 在 t 时刻施加一次性 2 单位的负向冲击 δ,原始收益率当期随之变为 $\bar{Y}_{1t} = Y_{1t} + \delta$,而收益率序列在其他时刻具有不变性;

第三步,具体分析施加的负向冲击 δ 对各个外汇市场的风险价值 VaR 的动态影响变化情况。

2. 动态分位数模型回测检验

本章借鉴 Engle 和 Manganelli 提出的动态分位数检验(DQ-test)方法,对 MVMQ-CAViaR 模型的模拟估计结果进行预测效果检验。为此,选取样本后 500 个数据作为样本外模型回测检验数据,以此验证 MVMQ-CAViaR 模型对尾部风险预测的稳健性。[51, 77] 在检验过程中,需先定义如下新的击中序列:

$$\text{HIT}_{\theta,t} = I(y_t < -\text{VaR}_t) - \theta \tag{6-7}$$

式中,θ 表示给定的分位数,当 $y_t < -\text{VaR}_t$ 时,$\text{HIT}_{\theta,t} = 1 - \theta$;当 $y_t > -\text{VaR}_t$ 时,$\text{HIT}_{\theta,t} = -\theta$;本章构造如下回归方程:

$$\text{HIT}_{\theta,t} = X\beta + \mu_t = \beta_0 + \beta_1 \text{HIT}_{\theta,t-1} + \cdots + \beta_p \text{HIT}_{\theta,t-p} + \beta_{p+1} \text{VaR} + \mu_t \tag{6-8}$$

式中,X 是 $T \times K$ 维矩阵向量,取 $p=5, k=7$。在原假设 $\beta=0$ 下,构造动态分位数检验(DQ-test)统计量如下:

$$\text{DQ} = \frac{\beta_{ols} X' X \beta_{ols}}{\theta(1-\theta)} \longrightarrow \chi^2(k) \tag{6-9}$$

6.2 全样本周期内外汇市场风险传染效应测度分析

6.2.1 全样本数据的初始分析

国际外汇市场是一个由全球各个国家或地区的外汇市场构成的紧密联系和互动关联的跨国或地区外汇市场,各个国家或地区的货币是构成外汇市场的核心基础,对各个国家或地区货币之间的汇率序列进行波动性分析,可以较为全面地反映国际外汇市场之间的整体波动情况。为了兼顾方法的适用性和代表性,笔者选择国际货币基金组织规定的一篮子货币(美元、日元、欧元、英镑、人民币)来表征各自国家或地区的外汇市场,从而实现国际外汇市场风险传染和溢出效应的研究。样本数据周期选择 2006 年 1 月至 2018 年 12 月期间的货币汇率收盘价指数日数据,为了消除原始数据的非平稳性,需要将各个外汇市场货币汇率收盘价指数序列进行对数差分转为对数收益率指数序列,样本数据来源于国际货币基金组织网站。

表 6.1 给出了国际外汇市场中五个外汇市场货币汇率指数收益率的描述性统计特征,在各个外汇市场上货币汇率指数收益率序列均表现出显著的偏度,其中,欧元和英镑汇率指数收益率序列具有显著的负向偏度,其余货币汇率指数收益率序列具有显著的正向偏度,而且各个货币汇率收益率都呈现出"尖峰厚尾"的非正态分布特征,说明各个外汇市场货币收益率存在出现极端风险的可能性要大于在正态分布下存在出现极端风险的可能性。观察各个外汇市场货币收益率的 ADF 平稳性检验,结果显示在 1% 显著性水平下各个货币收益率均不服从原假设。进一步对各个货币收益率序列的 J-B 统计量、p 值及 Q-Q 图(详见图 6.1)进行分析,可以验证各个货币汇率收益率序列具有非正态分布特征,同时可以看出各个货币汇率收益率序列均是平稳时间序列。

表 6.1 2006 年 1 月至 2018 年 12 月外汇市场货币收益率的描述性统计量

指数	均值	最大值	最小值	标准差	偏度	峰度	J-B 统计量	p 值	ADF
CNY	0.0001	0.0271	−0.0245	0.0028	0.0063	12.325	11910.29	0.001	0.000
EUR	0.0000	0.0248	−0.0254	0.0037	−0.1533	6.126	1350.89	0.001	0.000
JPY	0.0000	0.0474	−0.0462	0.0063	0.2294	9.196	5287.04	0.001	0.000
GBP	−0.0001	0.0222	−0.0664	0.0047	−1.4450	20.609	43611.32	0.001	0.000
USD	0.0000	0.0220	−0.0247	0.0029	0.0626	7.759	3104.36	0.001	0.000

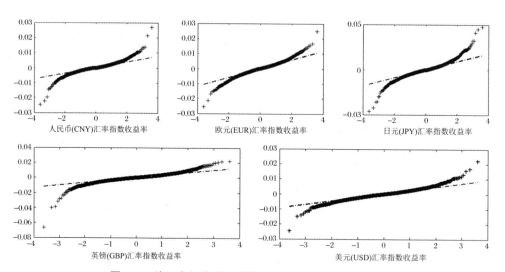

图 6.1 外汇市场货币汇率收益率序列正态分布 Q-Q 图

6.2.2 全样本外汇市场风险传染效应测度分析

1. 外汇市场风险传染效应的分位数回归估计

为了对全样本周期内外汇市场国际关联引发的风险变化有一个整体的认识和把握,运用 MVMQ-CAViaR(1,1)模型对 2006 年 1 月至 2018 年 12 月之间的国际外汇市场中两两货币汇率收益率数据进行分位数回归估计,表 6.2 展示了全样本周期内国际外汇市场之间在 1%分位数水平下的风险溢出效应情况。

表 6.2 全样本下国际外汇市场关联的风险传染 MVMQ-CAViaR(1,1)模型估计结果

参数	c_1	a_{11}	a_{12}	b_{11}	b_{12}
	c_2	a_{21}	a_{22}	b_{21}	b_{22}
CNY-EUR	0.0004	−0.5335***	−0.3243	0.5045***	0.9120
	(0.0071)	(0.3802)	(0.5346)	(0.6921)	(1.1633)
	−0.0014	−0.1036*	−0.3626**	−0.0235	0.7541**
	(0.0012)	(0.1847)	(0.0604)	(0.7117)	(0.5755)
CNY-JPY	−0.0053**	−0.6406**	0.0332	0.1666***	0.1505
	(0.0016)	(0.0612)	(0.0305)	(0.1802)	(0.0757)
	−0.0002	−0.1034	−0.2802***	0.000	0.8929***
	(0.0058)	(0.5999)	(0.1631)	(1.3094)	(0.2278)
CNY-GBP	−0.0059	−0.6045**	−0.0849	0.2569**	−0.1643
	(0.0019)	(0.07785)	(0.2909)	(0.1674)	(0.1145)
	−0.0006	0.0350	−0.5126**	−0.0153	0.8419***
	(0.0027)	(0.3175)	(0.0849)	(0.5517)	(0.0632)
CNY-USD	0.0032*	−0.4458***	0.0446***	0.1681***	1.5871***
	(0.0053)	(0.4869)	(0.2635)	(2.0527)	(2.8705)
	0.0001	−0.0788**	0.0275***	−0.0289	1.0240***
	(0.0040)	(0.4203)	(0.0261)	(1.4232)	(1.9603)
EUR-JPY	−0.0077	−0.6712**	−0.1427	0.2761**	0.1899
	(0.0014)	(0.0585)	(0.2318)	(0.1658)	(0.1129)
	−0.0001	−0.1046	−0.2858**	0.0120	0.8792**
	(0.0018)	(0.1777)	(0.1122)	(0.2977)	(0.0744)

续表

参数	c_1 c_2	a_{11} a_{21}	a_{12} a_{22}	b_{11} b_{21}	b_{12} b_{22}
EUR-GBP	−0.0078* (0.0028) −0.0004 (0.0093)	−0.6780*** (0.0777) −0.2431** (0.8831)	−0.0065** (0.0905) −0.4882*** (0.2459)	0.2858** (0.3513) 0.0015 (1.5068)	0.2428 (0.0671) 0.7971*** (0.2819)
EUR-USD	−0.0007 (0.0006) −0.0001 (0.0002)	−0.2691*** (0.0938) 0.0003** (0.1072)	−0.1505*** (0.0920) −0.0602*** (0.0645)	0.8140*** (0.0828) 0.0026 (0.0690)	0.0002** (0.1253) 0.9696** (0.0162)
JPY-GBP	−0.0004 (0.0002) −0.0004 (0.0004)	−0.2707** (0.1415) −0.0874 (0.0991)	−0.0306 (0.1579) −0.4280** (0.2355)	0.8652** (0.0611) 0.0263 (0.0858)	0.0312 (0.0681) 0.7930** (0.1048)
JPY-USD	−0.0003 (0.0003) 0 (0.0000)	−0.3264*** (0.1038) −0.0074** (0.0313)	−0.0057*** (0.1865) −0.0575*** (0.0309)	0.8769*** (0.0407) 0.0029 (0.0122)	0.0121*** (0.0741) 0.9729*** (0.0140)
GBP-USD	−0.0005 (0.0005) 0 (0.0001)	−0.5350** (0.1535) −0.0144** (0.0759)	0.2102*** (0.3697) −0.0632*** (0.0841)	0.7983*** (0.0794) −0.0025 (0.0280)	0.1089** (0.2356) 0.9661*** (0.0427)

注：*、**、***分别表示在10%、5%和1%显著性水平下拒绝原假设,括号内数据是对应系数的标准差。

从系数矩阵 A 的对角线元素来看,其元素 a_{11} 和 a_{22} 的系数至少在5%水平下显著性为负,说明各个外汇市场的货币汇率收益率在上一期的负面冲击会增加该市场当期的损失风险。系数矩阵 B 的对角线元素 b_{11} 和 b_{22} 系数符号为正且至少在5%水平上具有显著性,表明前一期外汇市场的尾部风险增加会引起当期外汇市场的尾部风险升高,从而外汇市场表现出高风险、自相关性和波动率聚集特征,而且 b_{11} 的系数值基本上都小于 b_{22},表明中国外汇市场存在的风险和波动聚集程度小于其他外汇市场,而美国外汇市场的风险和波动聚集程度相对其他外汇市场更大。

原因可能在于,美元作为世界贸易和金融交易的主导货币,极易受全球各地发生的突发和极端事件影响,从而表现出更大的波动聚集变化;而中国虽然是全球最大贸易国,但是金融制度改革相对滞后,与国际外汇市场的联系程度相对不高,进而对市场上的波动反映不敏锐,从而表现出的市场风险和波动聚集程度相对更小。

从系数矩阵 A 的非对角线元素来看,人民币与美元(CNY-USD)、欧元与美元(EUR-USD)、日元与美元(JPY-USD)、英镑与美元(GBP-USD)、欧元与英镑(EUR-GBP)等之间的元素 a_{12} 和 a_{21} 系数至少在5%水平下表现出显著性,说明美国外汇市场与其他四个外汇市场之间、欧元外汇市场与英国外汇市场之间存在大小不同的风险溢出效应。美国外汇市场对中国外汇市场的风险传染度($a_{12}=0.0446$)显著为正,说明美元汇率收益率的正向冲击引起人民币汇率收益率风险的下降,而中国外汇市场对美国外汇市场的风险传染度($a_{21}=-0.0788$)显著为负,说明人民币汇率收益率的负向冲击引起美元汇率收益率风险的增加,但中国外汇市场对美国外汇市场的溢出风险更大。美国外汇市场对欧元外汇市场的风险传染度($a_{12}=-0.1505$)显著为负,说明美元汇率收益率的负向冲击引起欧元汇率收益率风险的增加,而欧元外汇市场对美国外汇市场的风险传染度($a_{21}=0.0003$)显著为正,说明欧元汇率收益率的正向冲击引起美元汇率收益率风险的下降,但美国外汇市场对欧元外汇市场的溢出风险更大。美国外汇市场对日本外汇市场的风险传染度($a_{12}=-0.0057$)显著为负,说明美元汇率收益率的负向冲击引起日元汇率收益率风险的增加,而日本外汇市场对美国外汇市场的风险传染度($a_{21}=-0.0074$)也显著为负,说明日元汇率收益率的负向冲击也会引起美元汇率收益率风险的增加,但日本外汇市场对美国外汇市场的溢出风险更大。美国外汇市场对英国外汇市场的风险传染度($a_{12}=0.2102$)显著为正,说明美元汇率收益率的正向冲击引起英镑汇率收益率风险的下降,而英镑外汇市场对美国外汇市场的风险传染度($a_{21}=-0.0144$)显著为负,说明英镑汇率收益率的负向冲击也会引起美元汇率收益率风险的增加,从而英国外汇市场对美国外汇市场具有更大的溢出风险。此外,英国外汇市场与欧元外汇市场之间也存在风险溢出(EUR-GBP:$a_{12}=-0.0065$,$a_{21}=-0.2431$),说明彼此之间存在负向冲击,但前者对后者的溢出风险更大。

从系数矩阵 B 的非对角线元素来看,人民币与美元(CNY-USD,1.5871)、欧元与美元(EUR-USD,0.0002)、日元与美元(JPY-USD,0.0121)、英镑与美元(GBP-USD,0.1089)等之间的元素 b_{12} 系数至少在5%水平下显著为正,说明其他四个外汇市场(CNY、EUR、JPY、USD)均受到来自美国外汇市场美元(USD)的风险传染和溢出,美国外汇市场通过美元汇率的波动冲击使得市场风险增加,进而引起其他外汇市场的风险水平的增加。其中,中国外汇市场受到来自美国外汇市场风险的传染最大,其他依次为英镑外汇市场、日元外汇市场及欧元区外汇市场。

综上所述,在全样本周期内国际外汇市场的尾部风险传染中,各个外汇市场的货币汇率收益率的上一期负面冲击会增加该市场当期的损失风险,并使得市场当期风险处于上升状态。国际外汇市场风险表现出高风险、自相关性和波动率聚集特征。美国外汇市场对中国、欧洲、日本及英国外汇市场存在不同程度的风险传染和溢出效应。中国、欧洲、日本和英国等外汇市场之间系数矩阵非对角线元素基本上都不显著,从而表明两两外汇市场之间的极端风险和溢出效应不显著。

2. 动态分位数脉冲响应分析

如果某一市场受到外来信息的冲击时,那么会影响到市场参与者对资产风险价值的未来预期判断,可能会对市场风险的预期发生改变,从而引发市场尾部风险和溢出效应发生变化。为此,通过动态分位数脉冲响应来分析市场受到的信息冲击,可以再现各个外汇市场之间的互动关联关系。

图 6.2 分别展示了国际外汇市场中任一市场受到 2 个单位标准差信息冲击时,其他外汇市场在未来 100 期的脉冲响应过程,可以看出所有外汇市场在标准信息冲击影响下最终都会渐近收敛至 0,但各外汇市场的脉冲响应收敛速度各不相同。从图 6.2(a)中可知,在对中国外汇市场(CNY)施加新信息冲击后,欧元外汇市场(EUR)受到的影响程度最大,其他市场受到的影响程度相对较小,而美国外汇市场受到的影响最小,但影响时间最长。原因可能在于,中国与欧洲地区之间存在紧密的贸易和金融联系,同时中日之间的地缘相近和贸易往来比较紧密,而美元作为世界货币,自身具有很强的主导性,受到的冲击相对较小,但是与来自其他四个外汇市场冲击相比,受到来自中国外汇市场的影响相对最大,这也反映出了中美之间存在紧密的经济贸易和金融联系。图 6.2(b)中在欧元区外汇市场(EUR)的冲击下,其他四个外汇市场受到的影响与图 6.2(a)中的变化基本相似,其中,英国外汇市场受到冲击影响最大,这是由于英国本身作为欧盟成员,与欧元区国家的经济贸易和金融联系更为紧密,同时英国伦敦作为全球重要的金融中心,对中日外汇市场也会产生较大冲击影响。

图 6.2(c)中显示了在对日本外汇市场(JPY)施加新信息冲击下,英国外汇市场受到的负向冲击影响最大,而中国外汇市场先是受到了一股正向冲击和随后的负向冲击影响,进一步反映出中日市场之间存在较为灵敏的关联关系。从图 6.2(d)中可以看出,在对英国外汇市场(GBP)施加新信息冲击下,欧元外汇市场受到的影响最大,进一步验证了英国与欧元区之间存在的紧密联系,同时也印证了 MVMQ-CAViaR 模型中英国外汇市场与欧元区外汇市场之间存在显著的风险传染和溢出效应。最后在图 6.2(e)中,当对美国外汇市场(USD)施加新信息冲击时,英国外汇市场受到了最大的正向冲击影响,然后逐渐衰减转至负向冲击影响,中国外汇市场受到了较小的正向冲击影响,日本外汇市场受到了负向冲击影响最小,欧元区外汇市场受到了负向冲击最大,这说明美元汇率波动和风险传染对国际外汇市场的影响更为复杂、冲击更大。

第 6 章 国际外汇市场关联的风险传染效应测度分析

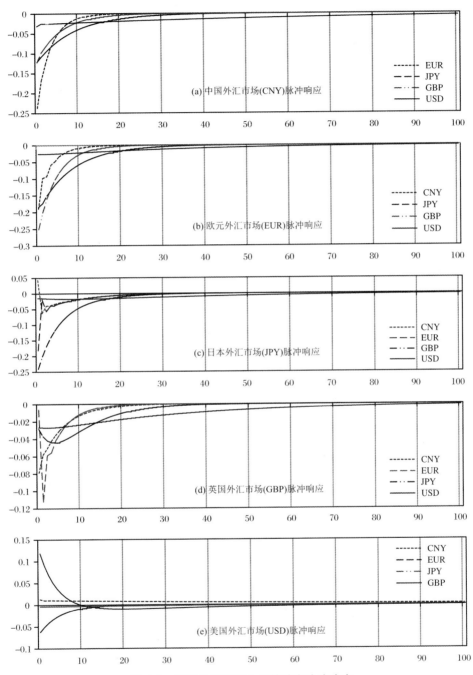

图 6.2 国际外汇市场之间的动态脉冲响应

3. 外汇市场风险传染模型的稳健性检验

采用动态分位数检验(DQ-test)来对样本外 500 个数据下的 MVMQ-CAViaR(1,1)模型估计进行回测稳健性检验分析,表 6.3 列示了在 1% 分位数水平下不同外汇市场货币的动态分位数回测检验结果,从表中模型样本外预测效果的 DQ 检验的 p 值来看,国际外汇市场 MVMQ-CAViaR(1,1)模型完全通过了统计意义上的 DQ 检验,表明选择该模型对国际外汇市场之间的尾部 VaR 风险测度效果较好、预测精度较高,从而进一步验证了该模型在预测外汇市场尾部风险具有良好的稳健性。

表 6.3　模型样本外的动态分位数回测检验(DQ-test)结果

项目	货币	DQ 统计量	p 值
CNY-EUR	CNY	1.9305	0.9636
	EUR	4.9396	0.5379
CNY-JPY	CNY	0.8786	0.9966
	JPY	1.9762	0.9611
CNY-GBP	CNY	0.8759	0.9965
	GBP	0.2124	1.0000
CNY-USD	CNY	4.1276	0.6671
	USD	4.7395	0.5835
EUR-JPY	EUR	3.9486	0.7128
	JPY	3.5397	0.8310
EUR-GBP	EUR	4.5798	0.6024
	GBP	0.8565	0.9968
EUR-USD	EUR	3.5617	0.7927
	USD	3.2778	0.8491
JPY-GBP	JPY	0.8678	0.9967
	GBP	3.5009	0.8351
JPY-USD	JPY	0.9204	0.9960
	USD	4.3227	0.6442
GBP-USD	GBP	0.8605	0.9968
	USD	0.2353	1.0000

注:DQ 检验的统计量的 p 值越大,则表明该模型计算的 VaR 精确度越高。

为了进一步验证上述全样本周期内国际外汇市场风险传染分析结论的稳健性,笔者采用缩短样本周期和改变分位数水平的方法,在不同时段和不同分位数下对国际外汇市场风险传染进行了检验,具体结果见表 6.4。从表 6.4 中可以看出,无论是在缩短样本周期还是改变分位数点,MVMQ-CAViaR(1,1)模型回归结果均与全样本周期的回归分析基本一致,从而验证了上述分析结论的稳健性。

表 6.4　全样本周期内外汇市场国际关联的风险传染稳健性检验结果

时间段	分位数水平	结果
2006/1/2—2016/12/28	1%分位数	原结论
2007/1/2—2016/12/28	1%分位数	稳健
2006/1/2—2015/12/28	1%分位数	稳健
2006/1/2—2016/12/28	5%分位数	稳健

4. 外汇风险传染效应检验

上述采用 MVMQ-CAViaR(1,1)模型对国际外汇市场风险传染进行了检验,但是该模型在进行尾部风险估计时,只能获知单个估计系数的显著性,没有检验多个系数的联合显著性,进而无法获得外汇市场之间存在的极端风险传染和溢出效应的一般性结果。

为此,需要进一步在 MVMQ-CAViaR(1,1)模型下对两两外汇市场之间是否存在显著性极端风险传染效应进行 Wald 统计检验,原假设 $H_0: a_{12} = a_{21} = b_{12} = b_{21} = 0$(即外汇市场之间不存在显著的极端风险溢出效应),具体检验结果见表 6.5,从表中可以看出,在全样本周期内外汇市场中中美(CNY-USD)、欧美(EUR-USD)、日美(JPY-USD)、英美(GBP-USD)及欧英(EUR-GBP)等之间至少在 5%水平下发生了显著的风险传染和溢出效应,其他两两外汇市场之间不存在显著的风险溢出效应,该结论与上述分析结论一致,验证了上述外汇市场之间存在显著的风险传染效应。

表 6.5　全样本周期内外汇市场国际关联的金融传染效应 Wald 显著检验

$H_0: a_{12} = a_{21} = b_{12} = b_{21} = 0$	χ^2 分布统计量	p 值	结论(5%显著性水平)
CNY-EUR	3.8834	0.4220	接受
CNY-JPY	6.0207	0.1976	接受
CNY-GBP	2.5653	0.6330	接受
CNY-USD	21.6691	0.0002	拒绝
EUR-JPY	4.2039	0.3767	接受
EUR-GBP	44.5238	0.0000	拒绝

续表

$H_0: a_{12} = a_{21} = b_{12} = b_{21} = 0$	χ^2 分布统计量	p 值	结论(5%显著性水平)
EUR-USD	30.1206	0.0001	拒绝
JPY-GBP	2.5492	0.6358	接受
JPY-USD	9.4556	0.0435	拒绝
GBP-USD	11.0637	0.0093	拒绝

图 6.3 展示了全样本周期内国际外汇市场在分位数为 1%水平下的动态 VaR 序列图,样本时间段从 2006 年 1 月—2016 年 12 月,从中可以看出,各个外汇市场在 1%水平下均表现出的波动聚集现象与各个外汇市场汇率收益率具有的波动聚集现象吻合度高。在 2008 年美国次贷危机爆发后,市场产生的波动聚集现象大幅度增加,随后在 2009 年 11 月以后爆发的欧洲债务危机也引起了外汇市场的较大波动聚集现象。在 2015 年中下旬,中国股灾的发生导致中国外汇市场也发生了较大的波动,市场风险明显增加,同时对其他外汇市场也有着不同程度的波动风险传染现象。进入 2016 年以后,英国脱欧公投获得通过导致了英镑贬值、美国总统候选人特朗普当选、人民币持续贬值等政治和经济极端事件,对全球外汇市场的影响进一步加大,导致各个外汇市场均出现了不同程度的较大波动和风险聚集现象。

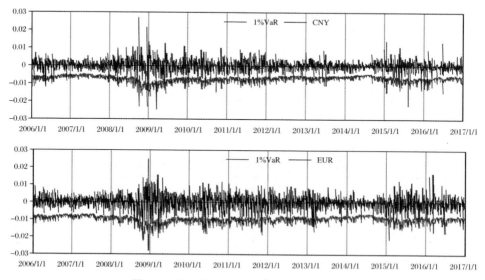

图 6.3 国际外汇市场 1%动态 VaR 序列图

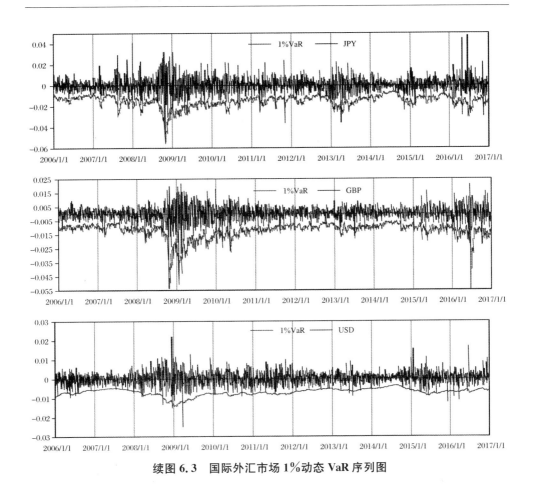

续图 6.3 国际外汇市场 1% 动态 VaR 序列图

6.3 分阶段子样本内外汇市场风险传染效应测度分析

6.3.1 分阶段子样本选择与数据分析

在全样本周期内，运用 MVMQ-CAViaR(1,1) 模型估计出的风险传染和溢出效应包含了危机和极端风险阶段以及平稳阶段，无法明晰风险传染的起源是否由于次贷危机等极端事件引起的，而通过分析图 6.3 中国际外汇市场 1% 动态 VaR 序列图也可以发现，全样本周期内存在的美国次贷危机、欧债危机和中国股灾等金融极端事件,使得国际外汇市场出现了较大的波动和风险聚集。因此,为了进一步认识和把握金融极端事件对国际外汇市场关联的风险传染和风险溢出效应,并根据金融极端事件的发展顺序,大致将全样本周期划分为六个阶段,从而对各个分阶段子样本周期内的国际外汇市场金融风险传染和风险溢出效应进行估计和分析,具体分阶段子样本划分和样本区间详见表6.6,对时间段及时间节点的划分理由详见3.3节。

表6.6　金融传染效应分析的子样本划分及样本区间

样本阶段	时间阶段	说明	传染源
Period Ⅰ	2006年1月—2007年8月	次贷危机前	USD
Period Ⅱ	2007年9月—2009年4月	次贷危机爆发	USD
Period Ⅲ	2009年5月—2013年10月	次贷危机后及欧债危机发展中	EUR
Period Ⅳ	2013年11月—2015年5月	欧债危机后及中国股灾前	EUR
Period Ⅴ	2015年6月—2016年2月	中国股灾发展中	CNY
Period Ⅵ	2016年3月—2018年12月	中国股灾后及其他极端事件	CNY

6.3.2　分阶段子样本外汇市场风险传染效应分析

1. 美国次贷危机下外汇市场风险传染效应分析

(1) 分位数估计结果

表6.7列示了次贷危机背景下美中外汇市场之间在次贷危机爆发前和发展中风险传染的 MVMQ-CAViaR(1,1) 模型估计结果,在次贷危机爆发前和发展中,系数矩阵 B 的对角线元素(b_{11}和b_{22})显著为正,说明美中外汇市场均具有显著的风险聚集性和自相关性,上一期风险水平的增加会引起当期风险水平的上升。而系数矩阵 A 的对角线元素 a_{11} 系数在次贷危机爆发前和发展中均显著为负,说明美国外汇市场中前一期市场的负面冲击会增加当期该市场的风险价值;在次贷危机爆发中,系数矩阵 A 的对角线元素 a_{22} 的系数具有负向显著性,表明前一期中国外汇市场的负向冲击增加了当期该市场的风险损失。

进一步分析表6.7中系数矩阵的非对角线元素情况,在次贷危机爆发前传染系数 a_{21} 呈现出显著的正向冲击,说明美国外汇市场减少了对中国外汇市场的风险溢出;而在次贷危机发生中的传染系数 a_{21} 没有呈现出显著性,说明中国外汇市场没有显著地受到美国外汇市场的风险传染和风险溢出,反映出中国外汇市场受到的次贷危机影响相对较小,原因可能在于,中国的外汇市场受到了政府的高度管制,市场化的程度较低,使得与全球外汇市场之间的联系存在一定程度的隔离,进而可以有效管控和减少次贷危机期间美元汇率波动的风险溢出。同时在次贷危机爆发前传染系数 a_{12} 和 b_{12} 并没有表现出显著性,但在次贷危机发展中传染系数 a_{12} 和 b_{12} 表现出显著性,说明人民币汇率的波动加大了对美元汇率负向冲击和金融风险传染溢出,原因可能在于,中美之间的经济贸易联系紧密,当次贷危机爆发时,投资者对市场产生了悲观预期,使得大量资金逃离中国金融市场,进而使得人民币汇率发生较大波动,并对美元汇率产生了较大的负反馈作用,从而加大了美国外汇市场的风险。

表 6.7 次贷危机下美中外汇市场间(USD-CNY)风险传染模型估计结果

| 系数 | c_1 | a_{11} | a_{12} | b_{11} | b_{12} |
	c_2	a_{21}	a_{22}	b_{21}	b_{22}
次贷危机爆发前 (Period Ⅰ)	−0.0080*	−0.0089***	0.5253	0.4906***	−0.4927
	(0.0033)	(0.3805)	(0.3554)	(0.6028)	(0.3668)
	−0.0061***	0.8622**	1.3362	0.0457*	0.2295**
	(0.0037)	(0.3744)	(0.3746)	(0.7743)	(0.2721)
次贷危机发展中 (Period Ⅱ)	3.2418*	−0.1908**	−0.5616***	0.6982***	0.2234***
	(0.0018)	(0.1220)	(0.2018)	(0.6310)	(0.9093)
	−0.0008**	0.0945	−0.5503***	0.0314*	0.7542***
	(0.0025)	(0.1222)	(0.1718)	(0.8591)	(0.2414)

注:*、**、***分别表示在10%、5%和1%显著性水平下拒绝原假设,括号内数据是对应系数的标准差。本章表格中的标识均为此含义。

表 6.8 列示了次贷危机下美欧外汇市场在次贷危机爆发前和发展中风险传染的 MVMQ-CAViaR(1,1) 模型估计情况,可以看出,系数矩阵 **A** 的对角线元素(a_{11})和系数矩阵 **B** 的对角线元素(b_{11} 和 b_{22})符号在次贷危机爆发前和次贷危机发展中分别显著为负和正。表明,在次贷危机爆发前和发展中前一期美国外汇市场的负向冲击会增加该市场当期的风险损失,而欧元外汇市场在次贷危机发展中前一期受到的负向冲击也会增加该市场当期的风险价值。

表6.8 次贷危机下美欧外汇市场间(USD-EUR)风险传染模型估计结果

参数	c_1 c_2	a_{11} a_{21}	a_{12} a_{22}	b_{11} b_{21}	b_{12} b_{22}
次贷危机爆发前 (Period Ⅰ)	0.0006*	−0.0242**	0.2216	0.6987**	0.5494
	(0.0020)	(0.4577)	(0.1147)	(0.3083)	(0.7233)
	−0.0001	−0.0894	−0.0478	−0.0060	0.9394
	(0.0002)	(0.0847)	(0.1004)	(0.0742)	(0.1574)
次贷危机发展中 (Period Ⅱ)	−0.0001	−0.1226***	−1.0842**	0.7475***	0.2028*
	(0.0032)	(0.2871)	(0.3965)	(0.1697)	(0.4123)
	−0.0026**	−0.1992***	−0.3693***	−0.1166	0.4233**
	(0.0032)	(0.1834)	(0.1029)	(0.1599)	(0.4054)

同时美国外汇市场无论是在次贷危机爆发前还是爆发后均表现出自相关性和风险聚集现象,而欧元外汇市场仅在次贷危机发展中才表现出风险聚集和风险水平上升的现象,而且次贷危机发展中 b_{11} 大于 b_{22} 说明美元相对于欧元具有更大波动风险。进一步分析表中系数矩阵的非对角线元素,在美国次贷危机爆发前,传染系数均在至少5%水平统计意义上没有表现出显著性,而在次贷危机发展中,传染系数 a_{12} 和 a_{21} 却表现出显著性,表明金融风险溢出存在从美国外汇市场传染到欧元外汇市场,但也存在欧元外汇市场对美国外汇市场的风险溢出,但是美国外汇市场对欧元外汇市场的风险传染度更大,总体上提升了欧元区外汇市场的风险水平。原因可能在于,美欧之间的贸易和金融关联性强,次贷危机通过美元汇率波动风险传染到欧元外汇市场,引发了欧元汇率的剧烈波动,使得市场预期出现负面情绪,进一步造成欧元汇率的波动反馈到美元汇率产生波动,从而也出现了风险从欧元区外汇市场到美国外汇市场的传染溢出。

表6.9列示了次贷危机下美日外汇市场在次贷危机爆发前和发展中风险传染的 MVMQ-CAViaR(1,1)模型估计,在次贷危机前,系数矩阵对角线元素 a_{11}、a_{22} 及 b_{11} 的系数在统计意义上具有显著性,其中,元素 a_{11} 和 a_{22} 的系数显著为负,说明美元和日元汇率收益率负向冲击会分别增加美国和日本外汇市场下一期的风险损失,但是 a_{11} 小于 a_{22},说明美国外汇市场比日本外汇市场风险损失更大;元素 b_{11} 的系数显著为正,说明美国外汇市场具有自相关性和风险聚集现象;系数矩阵的非对角元素(风险传染系数)均不显著,说明此阶段两个市场之间没有发生风险传染和风险溢出效应。在次贷危机发展中,系数矩阵的对角线元素均表现出显著性,说明美日外汇市场中货币汇率收益率负向冲击会增加各自外汇市场下一期的风险损失;系数矩阵 A 的非对角线元素(a_{12} 和 a_{21})在5%水平下显著为负,表明金

融风险在美国外汇市场和日本外汇市场之间存在传染过程,而且日本外汇市场受到的传染度更大;同时系数矩阵 B 的非对角线元素 b_{21} 系数也表现出显著为正,说明美国外汇市场的风险增加引起了日本外汇市场风险水平的提升,进一步反映出美元汇率波动对日元汇率波动的影响更大。

表6.9 次贷危机下美日外汇市场间(USD-JPY)风险传染模型估计结果

参数	c_1 c_2	a_{11} a_{21}	a_{12} a_{22}	b_{11} b_{21}	b_{12} b_{22}
次贷危机爆发前 (Period Ⅰ)	-0.0062^{**} (0.0045) -0.0001 (0.0054)	-0.0683^{***} (0.5649) -0.0015 (0.0773)	0.2393 (0.0327) -0.1393^{**} (0.1142)	0.1352^{**} (0.2284) 0.0076^{*} (0.7516)	0.0154 (0.2684) 0.9317 (0.0233)
次贷危机发展中 (Period Ⅱ)	-0.0013^{*} (0.0026) 0 (0.0138)	-0.1604^{**} (0.2097) -0.0011^{***} (0.2752)	-0.0999 (0.1709) -0.2228^{***} (0.3803)	0.9497^{***} (0.7305) 0.0441^{***} (0.7666)	0.0972 (0.2201) 0.5146^{***} (0.3133)

表6.10列示了次贷危机下美英外汇市场在次贷危机爆发前和发展中风险传染的 MVMQ-CAViaR(1,1)模型估计,在次贷危机爆发前,系数矩阵元素中只有对角线元素 a_{22} 和 b_{22} 的符号显著性为正,表明在此周期内英国外汇市场的尾部风险具有显著的自相关性和波动风险聚集性;系数矩阵的非对角线元素符号在统计意义下未表现出显著性。在次贷危机发展中,传染系数 a_{21} 显著为负,说明美国外汇市场发生了金融风险到英国外汇市场的传染。同时传染系数(b_{12} 和 b_{21})也表现出显著性,但系数 b_{12} 为负、b_{21} 为正,说明美国外汇市场在次贷危机前没有增加英国外汇市场的溢出风险,反而美国外汇市场受到的英国外汇市场的溢出风险却增加了。原因可能在于,英美两国之间存在紧密的经济贸易依赖关系,英国机构持有美国大量的次贷抵押产品,加上投资者心理预期的悲观作用,形成了持有美国次贷资产将会遭受巨大冲击的认识,从而在这种心理预期的作用下,加大了美元的汇率波动,提升了美国外汇市场的风险。

综上所述,在次贷危机发生前和次贷危机发展中,各个外汇市场货币汇率收益率序列基本均表现出显著的风险聚集现象,外汇市场的尾部风险呈现出显著的自相关性,前一期的市场冲击对当期该市场的风险损失具有显著的增加影响。在次贷危机爆发前发生了美国外汇市场向中国外汇市场传染风险的现象,而在次贷危机发展中出现了中国外汇市场传染风险给美国外汇市场的现象。同时美欧、美日及美英外汇市场之间在次贷危机爆发时也存在显著的相互风险传染和溢出效应。

表6.10 次贷危机下美英外汇市场间(USD-GBP)风险传染模型估计结果

参数	c_1	a_{11}	a_{12}	b_{11}	b_{12}
	c_2	a_{21}	a_{22}	b_{21}	b_{22}
次贷危机爆发前 (Period Ⅰ)	−0.0026	0.3617	−0.7434	0.3762	0.9835
	(0.0063)	(0.3188)	(0.3785)	(0.2995)	(0.9543)
	−0.0070*	−0.0000	0.2794**	−0.2633	0.3112***
	(0.0050)	(0.1702)	(0.2995)	(0.2525)	(0.5478)
次贷危机发展中 (Period Ⅱ)	−0.0019	−0.1574***	−0.5369	0.6966***	−0.0768**
	(0.0015)	(0.2237)	(0.6566)	(0.4393)	(0.2313)
	−0.001**	−0.1263***	−0.6823***	0.0025	0.7373***
	(0.0014)	(0.6235)	(0.2162)	(0.6202)	(0.2988)

(2) 外汇市场风险传染效应检验

为了进一步检验美国次贷危机爆发前和发展中国际外汇市场之间是否存在风险传染现象，需要联合检验多个传染系数是否具有显著性。因此，运用 Wald 统计检验对在 MVMQ-CAViaR(1,1) 模型下尾部风险传染是否显著的服从 χ^2 分布，因此，设定原假设不存在极端风险溢出效应，即 $H_0: a_{12}=a_{21}=b_{12}=b_{21}=0$。

表6.11 展示了在5%水平下国际外汇市场关联的风险传染的 Wald 统计量检验结果，从表中可以获知，美国外汇市场与中国外汇市场(USD-CNY)之间在次贷危机爆发前 Wald 统计量的检验 p 值在5%水平下具有显著性(拒绝原假设)，表明两个市场之间存在风险传染，而在次贷危机发展中接受原假设，从而验证了模型估计的单个系数显著性检验结果。同时美国外汇市场与其他三个外汇市场(USD-EUR、USD-JPY、USD-GBP)之间在次贷危机爆发前的 Wald 统计量在5%水平下不显著，但在次贷危机发展中具有显著性，说明美国外汇市场对其他外汇市场具有风险传染和溢出效应，该结论与上述分析基本一致，验证了美国外汇市场对其他外汇市场具有风险传染效应。

表 6.11 次贷危机下外汇市场国际关联的风险传染效应 Wald 显著检验结果

次贷危机发生前（Period Ⅰ）			
$H_0: a_{12}=a_{21}=b_{12}=b_{21}=0$	χ^2 分布统计量	p 值	结论(5%显著性水平)
USD-CNY	57.6081	0.0000	拒绝
USD-EUR	3.8756	0.7741	接受
USD-JPY	0.5425	0.9692	接受
USD-GBP	1.3370	0.8551	接受
次贷危机发生时（Period Ⅱ）			
$H_0: a_{12}=a_{21}=b_{12}=b_{21}=0$	χ^2 分布统计量	p 值	结论(5%显著性水平)
USD-CNY	0.2454	0.5366	接受
USD-EUR	25.4099	0.0001	拒绝
USD-JPY	211.6637	0.0000	拒绝
USD-GBP	21.5478	0.0003	拒绝

2. 欧债危机下外汇市场风险传染效应分析

(1) 分位数估计结果

表 6.12 给出了欧美外汇市场在欧债危机发展中（Period Ⅲ）及爆发后（Period Ⅳ）风险传染的 MVMQ-CAViaR(1,1)模型估计结果。无论 Period Ⅲ 阶段还是 Period Ⅳ 阶段，系数矩阵的非对角线元素的系数符号均没有在 5% 水平下表现出显著性，说明欧中两个外汇市场之间没有发生显著的风险传染和溢出效应，原因可能在于，虽然中国与欧元区国家之间具有较为紧密的经济贸易联系，资金往来频繁，但是中国政府对金融市场采取了较强的监管措施，减少了与全球其他市场的关联联系，特别是在次贷危机及欧债危机爆发的背景下，对市场的监管更为严厉，从而有效阻断了欧债危机的传染蔓延，同时从另一方面启示人们，随着今后人民币国际化的推进和汇率改革的逐步深入，如何有效保持人民币汇率及中国外汇市场的稳定性值得探究。

而表 6.12 中系数矩阵的对角线元素的系数符号在欧债危机发展中（Period Ⅲ）具有统计意义上的显著性，其中，元素 a_{11} 和 a_{22} 系数显著为负，说明在欧元区外汇市场或中国外汇市场中，上一期的负向冲击会加大当期该市场的风险溢出；系数 b_{11} 和 b_{22} 显著为负，说明外汇市场上一期的风险水平的加大会提高当期该市场的风险水平，从而欧中外汇市场各自具有自相关性及波动聚集现象，但是系数 b_{11} 大于 b_{22}，说明在欧债危机发生过程中欧元外汇市场相比于中国外汇市场具有更大的波动风险。在欧债危机后及中国股灾发生前（Period Ⅳ），仅有中国外汇市场表现出自相关性和风险聚集现象。

表 6.12　欧债危机下欧中外汇市场间(EUR-CNY)风险传染模型估计结果

参数	c_1	a_{11}	a_{12}	b_{11}	b_{12}
	c_2	a_{21}	a_{22}	b_{21}	b_{22}
次贷危机后及欧债危机发展中（Period Ⅲ）	-0.0105	-0.6572***	-0.0485	0.2587***	0.0001
	(0.0263)	(0.3843)	(0.9440)	(0.2654)	(0.8144)
	-0.0064*	-0.0261*	-0.0807**	0.0177	0.0699**
	(0.0147)	(0.4377)	(0.3552)	(0.2005)	(0.9441)
欧债危机后及中国股灾前（Period Ⅳ）	-0.0118	-0.8721	-0.7457	0.6542	1.2494*
	(0.0084)	(0.9631)	(0.7902)	(0.3428)	(0.6341)
	-1.2216**	-0.0026	-0.1095	-0.0009	0.9671**
	(0.0025)	(0.1970)	(0.1619)	(0.3455)	(0.2759)

表 6.13 给出了欧债危机背景下欧日外汇市场之间在欧债危机发展中（Period Ⅲ）及爆发后（Period Ⅳ）风险传染的 MVMQ-CAViaR(1,1) 模型估计。在次贷危机后及欧债危机发展中，欧日外汇市场之间的风险传染模型估计显示，系数矩阵的对角线元素系数符号在 1% 的水平下具有显著性，元素 a_{11} 和 a_{22} 的系数符号显著为负，表明欧日外汇市场上货币汇率收益率的负面冲击，会增加各自市场的下一期风险损失；元素 b_{11} 和 b_{22} 的系数符号显著为正，表明欧日外汇市场受到的前期风险水平的增加，会引发当前该市场的风险水平的提升，而且欧日外汇市场具有相关性和风险波动聚集性，但是元素 b_{11} 小于 b_{22}，说明日元外汇市场相比欧元外汇市场具有更大的波动聚集性。

表 6.13　欧债危机下欧日外汇市场间(EUR-JPY)风险传染模型估计结果

参数	c_1	a_{11}	a_{12}	b_{11}	b_{12}
	c_2	a_{21}	a_{22}	b_{21}	b_{22}
次贷危机后及欧债危机发展中（Period Ⅲ）	-0.0084**	-0.1811***	-0.2212**	0.0142***	0
	(0.0039)	(0.1884)	(0.0289)	(0.3397)	(0.0981)
	-0.0206	-0.1747***	-0.1440***	0.8867***	0.9871***
	(0.0039)	(0.1676)	(0.0325)	(0.4358)	(0.0877)
欧债危机后及中国股灾前（Period Ⅳ）	-0.0008	0.3251	-0.4452	-0.1381	0.9187
	(0.0513)	(0.2572)	(0.9598)	(0.6955)	(0.4102)
	-0.0002*	-0.1633*	-0.0656***	0.0047	0.9347***
	(0.0011)	(0.3931)	(0.8774)	(0.1608)	(0.8925)

表6.13中系数矩阵的非对角线元素b_{21}、a_{21}和a_{12}的系数符号在5%水平的统计意义上具有显著性,其中,传染系数a_{21}和a_{12}显著为负,表明欧日外汇市场之间存在显著的风险传染,欧元汇率的负向冲击传染提升了日元汇率的波动风险水平,同时元素b_{21}的系数显著为正,进一步验证了欧元区外汇市场向日元外汇市场的风险传染和溢出。原因可能在于,日本外汇市场和欧元区外汇市场的开放度和自由度较高,当欧债危机处于爆发后,投资者对市场预期产生了悲观心理,促进了大量资金的风险规避,进而将这种悲观市场预期传染到日本外汇市场,同时2011年日本遭受了极端自然灾害——大地震,使得福岛核电站出现泄漏,进一步加剧了市场的悲观预期,再加上出现的美债危机,从而促成了欧日外汇市场之间的风险传染,而且在三大极端事件影响下日元汇率表现出更大的波动风险。在欧债危机发生后及中国股灾爆发前(Period Ⅳ),欧日外汇市场没有表现出显著的风险传染和溢出效应。

表6.14给出了欧债危机背景下欧英外汇市场之间在欧债危机发展中(Period Ⅲ)及发生后(Period Ⅳ)风险传染的MVMQ-CAViaR(1,1)模型估计。在次贷危机发生后及欧债危机发展中,系数矩阵的元素均表现出显著性,其中,系数矩阵A的对角线元素a_{11}和a_{22}的系数符号显著为负,表明欧元和英镑汇率的收益率负向冲击对各自市场下一期的风险损失起到了推动作用,上一期对市场负向冲击增加了当期市场的风险水平。系数矩阵B的对角线元素(b_{11}和b_{22})呈现正的显著性,表明欧元外汇市场和英国外汇市场均表现出自相关性和波动聚集现象,而且元素b_{11}小于b_{22},说明英镑汇率波动聚集程度大于欧元汇率;传染系数a_{21}的符号显著为正、传染系数a_{12}的符号显著为负,表明欧元外汇市场与英国外汇市场之间发生了风险传染和溢出现象,而且英国外汇市场增加了欧元外汇市场的风险、欧元外汇市场减少了英国外汇市场的风险,说明英国外汇市场对欧元外汇市场的负面影响更大,但由于欧元区在德国的强力支持下,对欧债危机产生的风险具有较强的抵御作用,进而起到了稳定欧元汇率及外汇市场的作用,从而稳定了市场预期,进一步减少了对英镑的消极影响。在欧债危机后及中国股灾发生前,系数矩阵的非对角线元素没有表现出显著性,而对角线元素b_{11}和a_{22}表现出显著性,说明欧元外汇市场风险序列具有自相关性和聚集现象,英国外汇市场前一期负向冲击增加了当期该市场的风险损失。

表 6.14 欧债危机下欧英外汇市场间(EUR-GBP)风险传染模型估计结果

参数	c_1	a_{11}	a_{12}	b_{11}	b_{12}
	c_2	a_{21}	a_{22}	b_{21}	b_{22}
次贷危机后及欧债危机发展中(Period Ⅲ)	-0.0102**	-0.6686***	-0.0471***	0.2338***	0.0722
	(0.0043)	(0.2577)	(0.1273)	(0.2556)	(0.3595)
	0	0.1627***	-0.0197***	0.0350**	1.0079***
	(0.0114)	(0.7654)	(0.0462)	(0.3897)	(0.0206)
欧债危机后及中国股灾前(Period Ⅳ)	-0.0068*	-0.4522	-0.3358	0.2505***	0.5254*
	(0.0134)	(0.5946)	(0.3552)	(0.6364)	(0.6521)
	-0.0018	-0.3534	-0.3369***	0.1097	0.2404
	(0.0055)	(0.0668)	(0.2000)	(0.6012)	(0.62931)

表 6.15 给出了欧债危机背景下欧美外汇市场之间在欧债危机发展中(Period Ⅲ)及发生后(Period Ⅳ)风险传染的 MVMQ-CAViaR(1,1)模型估计情况。从系数矩阵的对角线元素来看,无论欧债危机发生前还是发生后,元素均表现出显著性。其中,元素 a_{11} 和 a_{22} 的系数符号显著为负,表明欧元和美元汇率的收益率负向冲击会加大各自外汇市场在下一期的风险损失,进而提升了当期外汇市场的风险水平;元素 b_{11} 和 b_{22} 的符号呈现出正的显著性,说明欧元外汇市场和美国外汇市场的尾部风险具有显著的自相关特征,欧元和美元汇率的收益率序列均具有尾部风险聚集性。从系数矩阵的非对角线元素的显著性来看,在次贷危机后及欧债危机发生中,仅元素 a_{12} 的系数符号显著为负,说明美国外汇市场对欧元外汇市场发生了明显地风险传染,而欧元外汇市场却没有显著的传染风险给美国外汇市场,美元汇率收益率的负向冲击增加了欧元汇率收益率的波动风险,进而提高了欧元外汇市场的风险。原因可能在于,在次贷危机后及欧债危机发展中,2011 年美国也发生了债务危机,而美元作为世界货币,必然会再一次受到波动影响,在欧债危机发生的背景下,投资者对市场的悲观预期进一步增强,从而助推了美国外汇市场风险向欧元外汇市场的传染和溢出。在欧债危机发生后及中国股灾发生前,系数矩阵的非对角线元素都没有表现出显著性,表明欧美外汇市场之间金融风险传染和溢出效应不显著。

表 6.15 欧债危机下欧美外汇市场间(EUR-USD)风险传染模型估计结果

参数	c_1 c_2	a_{11} a_{21}	a_{12} a_{22}	b_{11} b_{21}	b_{12} b_{22}
次贷危机后及欧债危机发展中（Period Ⅲ）	−0.0111 (0.0263) −0.0078** (0.0121)	−0.6601*** (0.2084) 0 (0.1522)	−0.0046** (0.6623) −0.1402*** (0.2405)	0.2788*** (0.3970) 0 (0.3002)	0.0004 (0.1074) 0.0160*** (0.2906)
欧债危机后及中国股灾前（Period Ⅳ）	−0.0078 (0.0079) 0 (0.0014)	−0.0932*** (0.2396) −0.0379 (0.0521)	−0.0005 (0.3511) −0.0725** (0.0594)	0.9990** (0.3477) −0.0104 (0.3682)	1.9321 (0.4050) 0.9691** (0.3553)

综上所述，在欧债危机爆发的背景下，各个外汇市场货币汇率收益率序列具有显著的风险聚集现象，外汇市场的尾部风险也呈现出显著的自相关性，表现为前一期的市场冲击对当期该市场的风险损失具有显著的增加影响；欧元外汇市场与中国外汇市场之间不存在显著的风险传染，欧日、欧英外汇市场之间存在显著的相互风险传染和溢出效应，而美国外汇市场对欧元区外汇市场也具有显著的风险传染和溢出效应。

(2) 外汇市场风险传染效应检验

进一步采用 Wald 统计联合检验对在 MVMQ-CAViaR(1,1)模型下尾部风险传染是否显著的服从 χ^2 分布，为此，需要联合检验多个传染系数是否具有显著性，从而设定原假设不存在极端风险溢出效应，即 $H_0: a_{12} = a_{21} = b_{12} = b_{21} = 0$。表 6.16 给出了在 5%水平下欧债危机发展中及发生后的外汇市场国际关联的风险传染 Wald 统计量检验结果，从表中可以发现，次贷危机后及欧债危机发展中，欧元外汇市场与日本、英国、美国外汇市场之间的金融风险传染效应在 Wald 统计联合检验中具有显著性；而在欧债危机发生后及中国股灾前，五个外汇市场之间在 Wald 统计联合检验中均不具有显著性，说明外汇市场之间不存在风险传染和溢出效应。由此可以看出，Wald 统计联合检验结果与 MVMQ-CAViaR(1,1)模型估计结果基本一致，从而验证了国际外汇市场之间的风险传染效应。

表 6.16 欧债危机下外汇市场国际关联的风险传染效应 Wald 显著检验结果

次贷危机后及欧债危机发展中(Period Ⅲ)			
$H_0: a_{12} = a_{21} = b_{12} = b_{21} = 0$	χ^2 分布统计量	p 值	结论(5%显著性水平)
EUR-CNY	0.0277	0.9999	接受
EUR-JPY	107.4094	0	拒绝
EUR-GBP	31.8502	0	拒绝
EUR-USD	17.3969	0.0016	拒绝
欧债危机后及中国股灾前(Period Ⅳ)			
$H_0: a_{12} = a_{21} = b_{12} = b_{21} = 0$	χ^2 分布统计量	p 值	结论(5%显著性水平)
EUR-CNY	0.6399	0.9585	接受
EUR-JPY	6.4334	0.1690	接受
EUR-GBP	0.0014	1.0000	接受
EUR-USD	1.3270	0.8568	接受

3. 中国股灾风险下外汇市场风险传染效应分析

(1) 分位数估计结果

表 6.17 展示了中国股灾发展中和发生后的中国和欧元区外汇市场之间风险传染的 MVMQ-CAViaR(1,1)模型系数估计结果。

表 6.17 中国股灾发生前后中欧外汇市场间(CNY-EUR)风险传染模型估计结果

参数	c_1	a_{11}	a_{12}	b_{11}	b_{12}
	c_2	a_{21}	a_{22}	b_{21}	b_{22}
中国股灾发展中 (Period Ⅴ)	−0.0118	−0.4279	−0.2719	0.2716***	0
	(0.0048)	(0.3588)	(0.4065)	(0.7668)	(1.0310)
	−0.0075**	0.0040	0.5649	0.02731	0.4471*
	(0.0043)	(0.1455)	(0.2524)	(0.9367)	(0.2302)
中国股灾后及其他极端事件发生 (Period Ⅵ)	−0.0002	−0.1790***	−0.2020***	0.7171**	0.0794**
	(0.0025)	(0.3375)	(0.2783)	(0.8414)	(0.8986)
	−0.0012*	−0.0809	−0.2870***	−0.0033	0.7459***
	(0.0074)	(0.1062)	(0.4445)	(0.1617)	(0.8848)

在中国股灾发展中,中国外汇市场受到了来自证券市场的波动影响,具体表现为元素 b_{11} 的系数符号显著为正,说明中国外汇市场的尾部风险呈现出显著的自相

关性,而且人民币汇率的收益率序列呈现出尾部风险的波动聚集现象,但是系数矩阵的非对角线元素传染系数不具有显著性,说明中国与欧元区外汇市场之间不存在明显的风险传染和溢出效应。原因可能是,中国金融市场的开放度和自由度不高,受到了较多的人为管制,使得市场有效性没有得到发挥,进而限制了与全球金融市场的关联性,当中国股灾发生时,两个市场处于相对分割状态,缺乏有效的金融风险传染渠道。在中国股灾发生后及其他极端事件发生时,元素 b_{11} 和 b_{22} 表现为正的显著性,说明中欧外汇市场各自均具有风险序列的自相关性和波动聚集现象,但是元素 b_{11} 小于 b_{22},说明中国外汇市场的风险聚集程度小于欧元外汇市场的风险聚集程度;同时元素 b_{12} 显著性为正,表明欧元外汇市场向中国外汇市场之间进行了风险传染和溢出效应,原因可能在于,英国脱欧事件给全球金融市场带来了极大的不确定性,使得欧元外汇市场向中国外汇市场发生了金融传染;同样元素 a_{11} 和 a_{22} 显著为负、元素 a_{12} 也显著为负,进一步反映出中国外汇市场受到了欧元外汇市场的金融风险传染和溢出。

表 6.18 展示了中国股灾发展中和发生后的中国和日本外汇市场之间的多元多分位数条件自回归风险价值 MVMQ-CAViaR(1,1)模型的风险传染系数的估计结果。元素 b_{11} 无论在中国股灾发展中还是中国股灾发生后均呈现出正向显著性,表明中国外汇市场的风险序列具有显著的自相关性,人民币汇率的收益率序列也呈现出波动风险聚集现象。元素 b_{22} 的系数仅在中国股灾发生后(Period Ⅵ)具有正的显著性,表明日本外汇市场的尾部风险在此阶段具有自相关性和波动聚集特征,这可能是因英国脱欧和中美贸易摩擦加剧等对日本外汇市场产生的不确定性影响所致。在中国股灾发展中和发生后,系数矩阵的非对角线元素(传染系数)在统计意义上均没有表现出显著性,说明中日外汇市场之间不存在显著的风险传染和溢出效应,从另一侧面也反映出中国外汇市场具有相对比较严格的人为管制,阻断了中国股灾风险向国际市场的进一步传染。

表 6.18 中国股灾发生前后中日外汇市场间(CNY-JPY)风险传染模型估计结果

| 参数 | c_1 | a_{11} | a_{12} | b_{11} | b_{12} |
	c_2	a_{21}	a_{22}	b_{21}	b_{22}
中国股灾发展中 (Period Ⅴ)	−0.0022**	−0.3139	−0.7827	0.5984***	1.1801
	(0.0021)	(0.1453)	(0.0922)	(0.2196)	(0.0929)
	−0.0014	0.2464***	−0.0622	0.0003**	0.9071
	(0.0055)	(0.4109)	(0.4114)	(0.8809)	(0.2816)

续表

参数	c_1	a_{11}	a_{12}	b_{11}	b_{12}
	c_2	a_{21}	a_{22}	b_{21}	b_{22}
中国股灾后及其他极端事件发生（Period Ⅵ）	−0.0039*	−0.4398*	−0.1683	0.4834***	−0.1567*
	(0.0026)	(0.2293)	(0.1539)	(0.2590)	(0.1100)
	−0.0011	0.0656	−0.4303**	0.0102	0.8113***
	(0.0051)	(0.2218)	(0.6596)	(0.4524)	(0.3353)

表 6.19 展示了中国股灾发展中和发生后的中国和英国外汇市场之间的多元多分位数条件自回归风险价值 MVMQ-CAViaR(1,1) 模型传染系数的估计结果。在中国股灾发生中，元素 b_{11} 的系数符号显著为正，说明中国外汇市场的风险序列具有显著的自相关性，人民币汇率的收益率序列具有风险聚集特征。在中国股灾发生后及其他极端事件发生时，元素 a_{11} 和 a_{22} 的系数为显著性为负，说明中英外汇市场货币汇率收益率的负向冲击提高了各自市场下一期的风险损失；元素 b_{22} 的系数显著性为正，说明英国外汇市场的风险序列还具有显著的自相关性和风险波动聚集性；元素 a_{12} 的系数符号显著为负，说明英国外汇市场向中国外汇市场发生了风险传染和溢出效应，英镑汇率的收益率序列的负向冲击会增加人民币汇率的波动风险程度，可能是由于英国脱欧引发的英镑贬值及市场的不确定性心理预期蔓延传染到中国外汇市场，造成人民币汇率的波动风险。

表 6.19　中国股灾发生前后中英外汇市场间（CNY-GBP）风险传染模型估计结果

参数	c_1	a_{11}	a_{12}	b_{11}	b_{12}
	c_2	a_{21}	a_{22}	b_{21}	b_{22}
中国股灾发展中（Period Ⅴ）	−0.0235	−0.5514	0.7568	0.7998***	−0.0016
	(0.0051)	(0.8370)	(0.5809)	(0.1936)	(0.1215)
	−0.0201**	0.0402*	−0.2095	−0.0092	−1.0158
	(0.0322)	(0.1379)	(0.9416)	(0.6960)	(0.1351)
中国股灾后及其他极端事件发生（Period Ⅵ）	−0.0018*	−0.3780***	−0.0231**	0.6506	0.0382
	(0.0083)	(0.5962)	(0.8708)	(0.2197)	(0.1285)
	−0.00078	−0.0102	−0.5920**	−0.0362	0.7958***
	(0.0617)	(0.9582)	(0.7982)	(0.8403)	(0.2070)

表 6.20 展示了中国股灾发生中和发生后的中美外汇市场之间的多元多分位数条件自回归风险价值 MVMQ-CAViaR(1,1) 模型风险传染系数的估计结果。

在中国股灾发展中(Period Ⅴ),元素 b_{21} 的系数符号显著为正,说明中国股灾引发的外汇市场风险对美国外汇市场具有传染性,但是系数值较小,说明对美国外汇市场的影响程度较小;同时元素 b_{11} 和 b_{22} 的系数符号也显著为正,说明中美外汇市场的风险序列具有显著的自相关性,人民币汇率的收益率序列具有风险聚集特征,但元素 b_{11} 的系数小于 b_{22},进一步说明美国外汇市场受到的影响较小。中国股灾发生后及其他极端事件发生时,元素 b_{11} 和 b_{22} 的系数仍显著性为正,说明中美外汇市场依然受到了极端事件的冲击影响,进而货币汇率的收益率负向冲击会增加主板市场下一期的风险损失;同时元素 a_{21} 的系数显著为正,说明中国人民币汇率的负向冲击有助于美元汇率的波动稳定,这可能是由于人民币的汇率走向所参考的主要货币以美元为主,而且中国是美国的最大债务国,人民币的稳健性相对较强,从而有利于市场预期的稳定向好,支撑了美元汇率的稳定;但元素 a_{12} 的系数显著为负,说明美国外汇市场向中国外汇市场发生了风险传染和溢出效应,这可能是由于美联储加息引发美元持续走强、特朗普当选美国总统带来了"逆全球化"浪潮高涨,以及中美贸易摩擦加剧等带来的极端不确定性负面影响,使得风险从美国外汇市场传染到中国外汇,造成汇率波动和风险聚集。

表 6.20 中国股灾发生前后中美外汇市场间(CNY-USD)风险传染模型估计结果

| 参　　数 | c_1 | a_{11} | a_{12} | b_{11} | b_{12} |
	c_2	a_{21}	a_{22}	b_{21}	b_{22}
中国股灾发展中 (Period Ⅴ)	−0.0054	−0.4931	1.7601	0.9023***	0.5247
	(0.0030)	(0.3167)	(0.2119)	(0.1156)	(0.4869)
	−0.0007*	−0.0185	0.2552*	0.0001**	0.4733**
	(0.0024)	(0.3164)	(0.0922)	(0.7396)	(0.0654)
中国股灾后 及其他极端 事件发生 (Period Ⅵ)	−0.0024	−0.2167	−0.2397***	0.8413***	−0.4513
	(0.0007)	(0.1465)	(0.1603)	(0.1784)	(0.1033)
	−0.0015**	0.0013**	0.2743	0.2547**	0.5420***
	(0.0007)	(0.2124)	(0.1582)	(0.0559)	(0.1704)

综上所述,中国股灾引发的风险传染有限,仅对美国外汇市场产生了微弱的风险传染和溢出效应;在中国股灾后所发生英国脱欧英镑贬值、"逆全球化"浪潮高涨、美元持续走强及中美贸易摩擦加剧等极端事件,引发了欧元、英国和美国外汇市场对中国外汇市场的风险传染和溢出。

(2) 外汇市场风险传染效应检验

上述采用 MVMQ-CAViaR(1,1)模型估计的尾部风险传染系数仅进行了单个系数的显著性检验,为了判断国际外汇市场之间是否存在风险传染的一般性,需要采用 Wald 统计量对多个传染系数进行联合显著性检验。为此,设定原假设不存在极端风险溢出效应,即 $H_0: a_{12} = a_{21} = b_{12} = b_{21} = 0$。表 6.21 给出了在 5%水平下中国股灾发生中和发生后的外汇市场国际风险传染的 Wald 统计量检验结果,从表中可知,在中国股灾发展中,中国外汇市场与欧元、日本及英国外汇市场之间接受原假设,表明他们之间不存在风险传染,但与美国外汇市场之间存在风险传染。在中国股灾发生后及其他极端事件发生阶段,中国外汇市场与欧元、英国、美国外汇市场之间拒绝原假设,说明中国外汇市场与欧元、英国、美国外汇市场之间发生了风险传染和溢出效应,同时通过与单个系数显著性检验结果进行比较,可知 Wald 统计量验证了上述单个系数的显著性检验结果。

表 6.21　中国股灾发生前后外汇市场国际关联的风险传染效应 Wald 显著检验结果

中国股灾发展中(Period Ⅴ)			
$H_0: a_{12} = a_{21} = b_{12} = b_{21} = 0$	χ^2 分布统计量	p 值	结论(5%显著性水平)
CNY-EUR	2.0268	0.7308	接受
CNY-JPY	2.5802	0.6303	接受
CNY-GBP	5.5728	0.3317	接受
CNY-USD	35.7748	0.0001	拒绝
中国股灾后及其他极端事件发生(Period Ⅵ)			
$H_0: a_{12} = a_{21} = b_{12} = b_{21} = 0$	χ^2 分布统计量	p 值	结论(5%显著性水平)
CNY-EUR	19.5251	0.0053	拒绝
CNY-JPY	3.1331	0.5358	接受
CNY-GBP	15.7469	0.0089	拒绝
CNY-USD	49.8805	0	拒绝

本 章 小 结

本章运用多元多分位数条件自回归风险价值 MVMQ-CAViaR(1,1)模型对国际外汇市场关联的风险传染和溢出效应进行了分析,得出的主要结论如下:

(1) 全样本周期内国际外汇市场中各个国家货币汇率的收益率在上一期的负面冲击会增加该市场当期的损失风险,并使得市场当期风险处于上升状态,因而外汇市场风险表现出高风险、自相关和波动聚集特征。美国外汇市场对中国、欧元、日本及英国等外汇市场存在不同程度的显著性风险传染及其之间存在显著的溢出效应,但极端风险溢出在其他各个外汇市场之间并不显著。

(2) 在次贷危机发生前和发展中,各个外汇市场的货币汇率收益率序列基本均表现出显著的风险聚集现象,外汇市场的尾部风险呈现出显著的自相关性,前一期的市场冲击对当期该市场的风险损失的影响显著增加。在次贷危机爆发前发生了美国外汇市场向中国外汇市场的风险传染现象,而在次贷危机发展中出现了中国外汇市场传染风险给美国外汇市场的现象,同时美欧、美日及美英外汇市场之间在次贷危机爆发时存在显著的相互风险传染和溢出效应。

(3) 在欧债危机爆发的背景下,各外汇市场货币汇率收益率序列具有显著的风险聚集现象,外汇市场的尾部风险呈现出显著的自相关性,前一期的市场冲击对当期该市场的风险损失的影响显著增加。欧元外汇市场与中国外汇市场之间不存在显著的风险传染,欧日、欧英外汇市场之间发生的相互风险传染效应具有显著性,而美国外汇市场对欧元外汇市场具有显著的风险传染效应。

(4) 中国股灾引发的金融风险传染有限,仅对美国外汇市场产生了微弱的风险传染和溢出效应,在中国股灾后所发生英国脱欧英镑贬值、美元持续走强及中美贸易摩擦加剧等极端事件,引发了欧元、英国和美国外汇市场对中国外汇市场的金融风险传染和溢出。

第 7 章　国际外汇市场关联的风险传染机制分析

21世纪以来,爆发于2008年的美国次贷危机所触发的全球金融危机对国际外汇市场造成了大幅动荡和混乱,全球主要货币汇率受到了不同程度的影响。随着时间的推移,次贷危机和欧债危机的国际传染看似已去,但此后接连发生的中国股灾、英国脱欧、逆全球化、中美贸易摩擦加剧、全球新冠大流行等极端事件,依旧严重地影响着国际外汇市场的稳定,导致货币汇率的非正常波动更加频繁,使得外汇持有或交易蒙受损失的可能性迅速增加,全球进出口贸易遭受极大冲击,实体经济发展和国际收支平衡的不利局面进一步加剧。这不仅显示出外汇市场风险传染具有常态化、短期化和快速化的新特征,使得风险防控和传染监管变得日益艰难,各国外汇市场都无法独善其身,而且也直接暴露出全球主要国家宏观审慎监管的缺失和外汇风险传染防控能力的偏低。因此,本章通过分析国际外汇市场关联的风险传染效应,并进一步探析影响外汇市场风险传染的作用机制,以期明晰外汇市场之间的风险转染途径,对于维护我国外汇市场的安全和稳定以及推动人民币国际化进程和经济发展的成功转型升级都具有重要的理论和现实意义。

7.1　外汇市场风险传染的渠道与机制分析

7.1.1　外汇市场风险传染的渠道分析

根据第6章的实证分析可知,国际外汇市场之间存在风险传染和溢出效应,并随着不同极端事件的发生和发展常常表现出时变特征,经济全球化和金融一体化是国际外汇市场之间发生风险传染的基础。当某一国家或地区的经济增长、通货膨胀、信用风险、流动性风险等宏观经济金融指标发生恶化时,金融风险跨国传染就成为可能,从而有可能扩大金融风险传染的效果。[138-151]金融风险的跨国(地区)传染渠道比较常见的有国际贸易渠道、金融联系渠道和净传染渠道,其中,前两个传染渠道属于有形机制,最后一个渠道属于无形机制。

1. 基于国际贸易渠道的金融风险传染

国际贸易渠道的金融风险传染是指一国产生的金融风险通过与其他国家或地区形成紧密的国际贸易联系而发生的传染路径,根据贸易往来供需的情况,可将该渠道的传染路径细分为需求导向型金融风险传染和供给导向型金融风险传染。[138-145]

(1) 需求导向型金融传染

需求导向型金融风险传染主要是经由贸易伙伴国发生的,具体风险传染路径见图7.1。当某国的金融风险发生时,该国会表现出本国货币贬值,引发消费需求下降和国际贸易商品进口减少等宏观经济指标恶化的现象,使得贸易关联伙伴国的贸易逆差上升加快,进而导致该国的外汇储备相应减少,从而市场上的投机者可能会将贸易伙伴国作为风险冲击的潜在对象,由此引发贸易伙伴国发生货币危机,最终将使贸易伙伴国的外汇市场产生金融风险。[141-142]例如,20世纪90年代初发生的英镑贬值,导致与其关联出口最大的伙伴国爱尔兰发生商品滞销,该贸易伙伴国发生了货币冲击引发外汇市场危机。

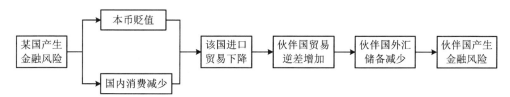

图7.1 需求导向型金融风险传染

(2) 供给导向型金融风险传染

供给导向型金融风险传染主要是经由贸易竞争国发生的[143-145],具体风险传染路径见图7.2。当某国与贸易竞争国生产相同的出口产品时,在同一国际市场上出口竞争,一旦该国受到了货币危机的冲击作用,就会引发本币的大幅贬值,使得本国出口商品的价格大幅下跌,进而在国际贸易市场上的竞争力大幅上升,从而引起贸易竞争国的出口商品在国际贸易市场上的价格相对上升、竞争力相对下降。在这种国际贸易环境下,贸易竞争国可能会通过采取相应的措施来防止该国贸易下降,进而就会使得自身货币在外汇市场上的汇率发生贬值来维持出口商品价格的稳定,从而保持出口商品在国际贸易市场上具备稳定的竞争力。倘若各个贸易关联竞争国竞相主导货币贬值的不良竞争行为持续进行,最终可能容易导致货币危机的大规模爆发,引发外汇市场上金融极端风险的产生和传染。例如,1998年爆发于泰国的亚洲金融危机,就是因为东南亚各国的出口商品结构相似,彼此之间在国际市场上成为贸易竞争国,当泰国泰铢主动贬值时,与泰国出口的商品存在竞争的国家受到了负面冲击,进而贸易竞争国纷纷主动贬值自身货币,引发汇率的剧烈波动造成外汇市场风险的聚集和传染,最终形成了亚洲金融危机。

图 7.2　供给导向型金融风险传染

2. 基于金融联系渠道的金融风险传染

金融联系渠道的金融风险传染主要是通过跨国(地区)投资者的全球配置资产套利行为引起的[146-148],具体风险传染路径见图 7.3。在经济全球化、金融自由化和经济体制市场化的环境下,金融资产在世界范围内进行流动配置,进而各个市场会跨国或跨地区形成紧密而不可分割的网络体系,国际投资者为了实现最佳投资组合,一般会将多国多市场的资产进行组合,当一国发生金融极端事件时,就会使得投资者在该国的投资资产遭受损失,考虑到资产收益率问题,投资者会抛售其他国家的组合资产,进而引发其他国家金融资产价格的同步剧烈下挫,从而推动跨国或跨地区的金融风险溢出传染。例如,1998 年发迹于泰国的亚洲金融危机期间,日本银行涉外贷款因占泰国等东南亚国家的总负债很高而遭受了巨大损失,日本银行为了维持自身流动性,被迫从其他债务国抽回资金,从而使得相关国家的货币汇率发生极大动荡,由此引发金融危机。

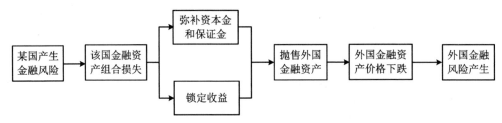

图 7.3　金融联系渠道的金融风险传染

3. 基于净传染渠道的金融风险传染

净传染渠道的金融风险传染是由投资者在进行金融资产交易时做出的非理性行为引起的,这些非理性行为具体包括羊群效应、有限理性等[149-151],具体风险传染路径见图 7.4。当一国发生金融危机时,投资者因获知的市场信息不对称而使其行为产生"趋同"现象,进而投资者就会产生相同的心理预期,使得投资者的非理性行为发生改变,导致他们的情绪出现波动,甚至自身心理也可能会出现恐慌,并通过示范效应和博弈作用进一步将投资者的个人非理性行为转变为集体的非理性行为,导致股市的剧烈波动和货币的大幅贬值,从而引发外汇市场上的汇率产生大幅动荡,从而导致金融风险累积成危机跨国传染和蔓延,最终形成风险的净传染。

此外,如果在某国外汇市场上出现的恐慌心理进一步发生了蔓延和升级,那么该国的市场信用基础会受到相应危害,进而影响该国金融市场的安全性和稳定性,倘若市场形势继续恶化,很可能会引发政治动荡和社会混乱。

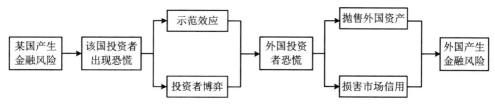

图 7.4 净传染渠道的金融风险传染

例如,2008 年美国次贷危机就是因为住房贷款层层嵌套抵押及存在过度的相关金融衍生品,当中国房地产及其资本化的相关金融产品价格出现过多泡沫时,投资者在获取金融危机可能会爆发的市场信息时,就会放大资产发生破裂的可能性市场预期,引发中国股票被大量抛售,最终造成中国股价发生暴跌。

7.1.2 外汇市场风险传染机制的理论分析

外汇市场风险是全球金融市场风险的重要组成部分,身处变幻莫测的国际经济环境中的本国宏观经济即使基本面尚未出现恶化,也有可能因受外部冲击而产生外汇市场风险,并经过全球货币的关联联动效应发生风险传染效应,从而诱发严重的区域性甚至全球性金融危机。根据"三元悖论"理论,货币政策独立、汇率制度选择和资本账户开放之间存在相互关联、互相制约、不可兼得的矛盾关系。与此同时,学术界在货币危机理论的影响下,大多认为外汇市场风险传染与资本项目自由化、汇率制度选择关联密切[152-153],资本账户开放和汇率制度等不合理的政策搭配是引发外汇市场风险传染和导致危机爆发的重要原因,由此可见,外汇市场风险跨境传染机制较为复杂。

如果选择实行固定汇率制度,货币当局为了维持汇率稳定性,防止本国货币的过大贬值或升值,必定会在外汇市场上采取被动操作,这可能会造成国内货币政策失效,使得外汇储备产生剧烈波动,引发外汇市场风险。但是鉴于新兴市场国家的金融发展程度不高、金融市场发展深度不够,在遭遇影响国内外经济金融的极端事件或预期突发状况时,市场上的各种外汇投机将会消耗货币当局大规模外汇储备,使得固定汇率制度可能失效,引发外汇市场风险甚至累积爆发危机。然而,也有学者研究表明[154-156],通过扩大汇率制度弹性不仅不利于提高汇率的稳定性,反而在极端环境下会对提振市场信息和减少货币危机产生不利影响,如若突然改变原来相对固定的汇率制度,很有可能产生被市场误解的情况,带来投机性货币冲击,导致外汇市场之间发生风险传染。

而资本账户开放与资本流动紧密相关,当资本账户逐步放开时,本国资产对境外投资者的吸引力也会随之增大,使得短期资本跨境流动的速度加快,导致本币需求上升,进而相应汇兑频率不断加大,外汇市场的波动更加活跃,从而造成外汇市场风险发生的可能性不断增大。特别是新兴市场国家为了追求经济发展,纷纷选择开放本国资本项目,通过实行较高的市场利率来吸引跨境资本的流入。随着经济快速发展和参与全球跨境贸易不断扩大,有利于本币国际化的加速推进,同时开放资本账户会吸引大批境外投资者及大量境外资本不断流入,本币的市场需求不断扩大,给本币升值带来不小的压力。在本币升值预期的背景下,短期境外资本很可能会涌入国内金融市场和实体经济进行投机活动,使得信贷不断扩张和企业生产规模不断扩大,进而为金融泡沫的形成和通胀的加剧创造了有利条件,从而进一步加大本币币值的升值压力。政府又不得不收紧货币政策强制本币贬值,以此应对国际资本投机、国内通胀及国际贸易状况恶化,但这会使得投机者在外汇市场上大量抛售本币,可能引发资本大量外逃和市场恐慌,从而导致外汇市场风险的不断溢出和累积,甚至引发经济危机。

综合以上理论分析,本书提出如下研究假设:

假设1:如果实施的汇率制度弹性越大,那么外汇市场风险传染效应越大。

假设2:如果资本账户的开放程度越大,那么外汇市场风险传染效应越大。

7.2 研究方法与模型设定

7.2.1 外汇市场风险传染效应的测度

外汇市场关联有向网络中每个节点的出度和入度正好反映了不同节点之间的溢出效应强度和方向,因此,笔者采用网络中的点出度(OUTD,溢出效应)和点入度(IND,吸收效应,也即反向外溢效应)衡量国际外汇市场风险传染的溢出效应和吸收效应,计算公式如下:

$$\begin{cases} \text{OUTD}: (m \to \sum_{m \neq n} n) = \dfrac{1}{N-1} \sum_{m \neq n} (m \to n) \times \overline{S_{mn}} \\ \text{IND}: (\sum_{m \neq n} n \to m) = \dfrac{1}{N-1} \sum_{m \neq n} (n \to m) \times \overline{S_{mn}} \end{cases} \quad (7\text{-}1)$$

式中,$N-1$ 表示 N 种货币关联网络中节点度的最大可能值,点出度高表示节点为传染效应的主要发出者,其值对应于外汇货币的风险溢出效应,点入度高表示节点为传染效应的主要接收者,其值对应于外汇货币的风险吸收效应或反向外溢效应。

7.2.2 外汇市场风险传染机制的实证模型

1. 模型设定

为了进一步探究国际外汇市场风险传染的影响机制,本部分基于外汇市场风险传染影响机制的理论分析,参考 Koenker 提出的统计模型[157],构建如下面板分位数回归模型来估计国际外汇市场风险传染的影响效应:

$$Q_{\text{Con\_effect}}(\delta|X_{it}) = \theta_i + \phi(\delta)|X_{it}, \quad t=1,\cdots,m_i, i=1,\cdots,n \quad (7-2)$$

式中,$Q_{\text{Con\_effect}}(\delta|X_{it})$ 表示在解释变量 X(包括核心解释变量和控制变量)给定的条件下外汇市场风险的 δ 分位数;$\phi(\delta)$ 表示面板分位数回归估计系数,具体估计数值通过对下列目标函数进行解析得到:

$$\min_{(\theta,\varphi)} \sum_{k=1}^{q} \sum_{t=1}^{n} \sum_{i=1}^{m_i} \beta_k \mu_{\delta_k}(\text{Con\_effect}_{it} - \theta_i - \phi(\delta)X_{it}) \quad (7-3)$$

式中,β_k 表示各分位数对应的权重。对 δ 分位数选择,本书参考以往研究文献的做法,分别选取 25%(下四分位数)、50%(中位数)、75%(上四分位数)等重要代表性分位点。

2. 被解释变量、核心解释变量及控制变量

(1) 被解释变量

国际外汇市场关联网络中各货币之间的出度值和入度值正好反映了外汇市场之间的风险溢出效应(OUTD)和吸收效应(反向外溢效应,IND)。因此,将外汇 OUTD 和 IND 作为外汇市场风险传染影响机制研究的被解释变量。

(2) 核心解释变量

综合外汇市场风险传染机制的理论分析、货币危机理论和"三元悖论"[65],可以发现外汇市场风险传染受到了汇率制度选择和资本账户开放的重要影响,因此,选择汇率制度(EXRS)和资本账户开放(KAOPEN)作为本部分实证分析的核心解释变量。其中,根据国际货币基金组织 IMF 对各成员国宣布的名义或法律性的汇率制度分类,并结合 Reinhart 和 Rogoff、Ilzetzki 等提供的汇率制度安排(ERA)数据库[158-159],将汇率制度依次分为六种:事实钉住、爬行钉住、管理浮动、自由浮动、自由落体和双轨制数据缺失,而且相应赋值 1~6;资本账户开放程度(KAOPEN)选择金融开放指数(Chinn-Ito 指数)来表征。

关于控制变量的选择主要参考和借鉴已有相关研究文献及货币危机经典理论[65,158-161],并兼顾数据的可获得性,选择的主要控制变量包括反映货币当局总体宏观经济状况的经济增长率(gGDP,用实际 GDP 增长率表示)、国际收支(BOP,用经常账户余额/GDP 表示)、国际储备(M2_RSE,用广义货币 M2/国际储备表示)、国内信贷(CREDIT_GDP,用私人部门信贷/GDP 表示)、对外负债(DEBT_

GDP,用对外总负债/GDP)、通货膨胀(Inflation,用按消费者价格指数衡量的通货膨胀率表示),数据来源于 WDI 数据库、IMF-IFS 数据库及 Trading Economics 数据库。

7.3 外汇市场风险传染机制的实证分析

7.3.1 外汇市场风险传染效应的测度分析

表7.1 显示了国际外汇市场关联网络中各外汇货币之间的金融风险溢出效应(出度值,出度值越大表示该节点对其他节点的风险传染影响越大)与吸收效应(入度值,入度值越大表示该节点被动承受其他节点的风险传染程度越深),有 22 个外汇市场货币的风险溢出效应大于吸收效应,具体包括人民币、美元、澳元、印度卢比、俄罗斯卢布、新加坡元、巴林第纳尔、文莱元、马来西亚吉特、尼泊尔卢比、毛里求斯卢比、墨西哥比索、新西兰元、阿曼里亚尔、巴基斯坦卢比、卡塔尔里亚尔、沙特里亚尔、斯里兰卡卢比、阿联酋迪拉姆、科威特第纳尔、泰国泰铢及特立尼达和多巴哥元,这些外汇市场货币以对其他外汇市场货币进行风险溢出效应为主,表现出自身的波动变化对其他外汇市场具有相对较强的风险扩散能力和传染效应,并在全球外汇市场网络中相对处于相对中心位置。

表 7.1 外汇市场风险传染的溢出效应与吸收效应

货币	溢出效应（出度值）	吸收效应（入度值）	货币	溢出效应（出度值）	吸收效应（入度值）
人民币	55.814	44.186	伊朗里亚尔	76.744	95.349
欧元	62.791	74.419	马来西亚吉特林	53.488	41.860
日元	55.814	97.674	毛里求斯卢比	53.488	51.163
英镑	60.465	72.093	墨西哥比索	79.070	67.442
美元	67.442	41.860	尼泊尔卢比	51.163	48.837
澳大利亚元	58.140	44.186	新西兰元	67.442	48.837
巴林第纳尔	67.442	41.860	挪威克朗	60.465	67.442
博茨瓦纳普拉	53.488	62.791	阿曼里亚尔	67.442	41.860

续表

货　币	溢出效应（出度值）	吸收效应（入度值）	货　币	溢出效应（出度值）	吸收效应（入度值）
巴西雷亚尔	69.767	86.047	科威特第纳尔	58.140	44.186
文莱元	60.465	37.209	巴基斯坦卢比	60.465	55.814
加拿大元	65.116	79.070	波兰兹罗提	53.488	65.116
智利比索	44.186	62.791	卡塔尔里亚尔	67.442	41.860
哥伦比亚比索	48.837	79.070	俄罗斯卢布	65.116	62.791
捷克克朗	60.465	74.419	沙特里亚尔	67.442	41.860
丹麦克朗	60.465	74.419	新加坡元	62.791	37.209
匈牙利福林	55.814	65.116	南非兰特	53.488	62.791
冰岛克朗	67.442	72.093	斯里兰卡卢比	60.465	53.488
印度卢比	63.488	39.535	瑞典克朗	58.140	65.116
印尼卢比	53.488	76.744	瑞士法郎	58.140	83.721
以色列谢克尔	72.093	72.093	泰国泰铢	55.814	39.535
哈萨克斯坦腾格	60.465	97.674	特立尼达元	67.442	58.140
韩元	51.163	58.140	阿联酋迪拉姆	67.442	41.860
			均值	60.904	60.677

而其他欧洲国家和美洲、非洲等22个外汇市场货币的风险溢出效应小于吸收效应，这些外汇市场货币则以吸收其他外汇市场货币的溢出效应为主，表现出自身货币汇率波动风险更多的被动受到其他外汇市场货币的传染溢出影响，在全球外汇市场网络中处于相对次要地位。其中，人民币的风险溢出效应大于吸收效应，表明人民币对其他外汇货币具有更强的风险传染效应，并且在关联网络中居于相对重要位置。原因可能在于中国外汇市场在保障自身金融安全的情况下，持续推进金融体制改革开放，汇率制度市场化程度进一步上升，加上中国作为世界第二大经济体和最大贸易与石油进口国，与世界各地都存在不同规模的贸易往来，从而加速了人民币的国际化步伐，使得人民币的国际影响力日益上升。同时美元依然在全球外汇市场网络中充当主导货币的作用，美元汇率的波动对全球外汇市场的稳定仍然具有重要的影响作用。

在进行块模型分析时，将最大分割深度设为2、集中标准设为0.2，可以将全球44个外汇市场货币划分为四个不同聚集板块(见表7.2和图7.5)，从而可以进一步分析不同板块之间以及板块内部货币之间的风险传染溢出效应与吸收效应。第一板块包括15个货币，该板块传染的风险溢出效应为180(属于板块内部、板块之间的溢出效应分别为 149、31),吸收板块外部的风险溢出效应为 232,风险吸收效应主要来自第二板块,实际内部风险溢出效应比例为 82.78%,期望内部风险溢出效应比例为 32.56%,可见该板块传染的风险溢出效应(180)远小于他们的吸收效应(381),因而可将第一板块划分为主受益(损)板块。同时,第一板块聚集的货币大多为国际贸易和石油交易中的相关货币,可见全球贸易大国货币、石油输出国货币及全球航运、金融中心国家货币聚集在同一板块,体现了美元作为贸易和石油锚的重要作用,说明外汇市场风险易于通过贸易渠道进行传染。第二板块包括 10 个货币,该板块发生的全部风险溢出效应为 244(属于板块内部、板块之间的溢出效应分别为 68、176),吸收的风险溢出效应主要来自第一板块,吸收板块外部的风险溢出效应为 99,实际内部风险溢出效应比例为 27.87%,期望内部风险溢出效应比例为 20.93%,可见该板块对其他板块的风险溢出效应(176)远大于从其他板块的吸收效应(68),因而可将第二板块划分为净溢出板块。

表 7.2　外汇市场货币聚集的板块内部与外部的风险溢出效应及吸收效应和板块角色

板块划分	吸收效应		溢出效应		板块的成员数量	理论内部溢出效应比例	实际内部溢出效应比例	板块角色划分
	板块内部	板块外部	板块内部	板块外部				
第一板块	149	232	149	31	15	32.56%	82.78%	主受益(损)
第二板块	68	99	68	176	10	20.93%	27.87%	净溢出
第三板块	146	53	146	103	13	27.91%	58.63%	双向溢出
第四板块	25	76	25	150	6	11.63%	14.29%	经纪人

第三板块包括 13 个货币,该板块发生的风险溢出效应为 249(属于板块内部、板块之间的溢出效应分别为 146、103);吸收其他板块的风险溢出效应为 53,实际内部风险溢出效应比例为 58.63%,期望内部风险溢出效应比例为 27.91%,可见该板块不仅向其他板块溢出风险,而且还吸收来自其他块的溢出风险,并且板块内部的风险溢出效应(146)比板块外部的风险溢出效应(103)的要大,因而可将第三板块划分为双向溢出板块。第三板块聚集的货币基本来自欧洲地区,反映了货币存在一定的地理聚集性,说明地缘联系为外汇市场风险传染提供了必要的渠道。第四板块包括 6 个货币,该板块发生的风险溢出效应为 175(属于板块内部、板块之间的溢出效应分别为 25、150),吸收其他板块的风险溢出效应为 76,实际内部风险溢出效应比例为 14.29%,期望内部风险溢出效应比例为 11.63%;可见该板块对

其他板块的风险溢出效应(150)远大于板块内部之间的风险溢出效应(25),因而可将第四板块划分为经纪人板块。

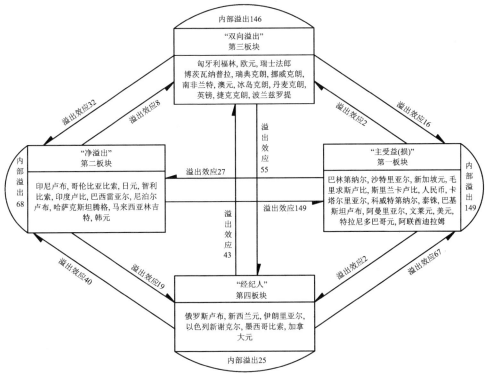

图 7.5 外汇市场货币聚集板块内部及板块之间的溢出效应

7.3.2 外汇市场风险传染机制的实证分析

为了保证估计结果的有效性,笔者在回归时都采用了自助重复抽样技术,并进行了 500 次重复抽样,在国际外汇市场风险传染的影响效应面板分位数回归结果中,三个代表性分位数 25%、50% 和 75% 分别对应于外汇市场中风险传染的低程度组、中等程度组和高程度组,表 7.2 列出了面板分位数回归估计结果,从结果的拟合优度来看,Pseudo R^2 的数值在 0.1～0.3 之间,意味着选择面板分位数模型较为合理,回归结果的可信性较高。

首先,各国汇率制度 EXRS 对外汇市场风险的溢出效应在不同分位数显著为正、吸收效应在下四和中分位数显著为负,表明汇率制度值越大、汇率越有弹性,外汇市场越容易发生风险传染,意味着减少对本国汇率的干预,本国汇率允许较大幅度的变动,汇率市场化相对更高,该国货币受到其他国家货币汇率波动的风险溢出效应和反向外溢效应(吸收效应)将增大。与此同时,从汇率制度的回归系数随着分位数变化趋势来看,随着外汇市场风险溢出效应分位数上升(25%→50%→75%),汇率制度的分位数回归系数(1.0664→1.3407→1.4439)呈现出不断增大的变化趋势,表明提高汇率制度弹性更能显著提升高风险水平的外汇市场风险溢出,从而增大外汇市场间的风险传染,这反映了外汇市场风险溢出效应越大的国家,其汇率弹性越大、汇率市场化程度也越高。同时外汇市场风险的反向外溢效应在显著性范围内分位数(25%→50%),受到汇率制度产生的影响作用(0.3305→0.4548)也处于上升趋势。上述分析结果说明假设1成立,也较好地验证与解释Calvo和Reinhart(2002)和王道平等(2017)的结论(即新兴市场和发展中国家为什么会惧怕放松汇率管制[161-162])。因为货币当局如果实行浮动汇率制度,意味着汇率形成机制更加市场化,本国外汇市场与国际外汇市场关联性更强,当发生大规模外汇市场货币单边投机时,该国难以在较短时间内根据跨境资本流动情况做出有效调整,导致汇率产生较大幅度的波动,从而会加大外汇市场风险传染效应。

其次,各国资本账户开放 KAOPEN 对外汇市场风险的溢出效应在不同分位数显著为负、吸收效应在中分位数显著为正,表明资本账户开放程度越低,该国受到的外汇市场风险溢出效应和反向外溢效应(吸收效应)越大,意味着资本管制并不能显著避免外汇市场的风险传染,从而增强资本账户管制对外汇市场风险传染的防范作用收效甚微,反而会导致风险传染概率的上升。这说明假设2不成立,也进一步佐证了王道平等(2017)、Glick 和 Hutchison(2005)的研究结论。[162-163]具体来看,随着外汇市场风险溢出效应分位数的增大(25%→50%→75%),资本开放程度的分位数回归系数绝对值(1.8087→1.0378→0.7397)表现为下降的变化特征,意味着提高资本账户开放程度对低风险水平的外汇市场风险溢出更具有显著的减弱作用,即有利于降低外汇市场间的风险传染。同时货币当局的资本账户开放程度在0.5分位上每增加1%,该国受到的外汇市场风险发生反向外溢传染的可能性将降低60.61%。当一国货币当局采取稳步渐进的方式提高资本账户开放水平时,资本账户开放可以有效对冲外汇风险,有利于促进外汇远期市场的形成,进而有助于形成外汇市场风险对冲机制,从而在一定程度上抑制汇率波动,并使得该国货币避免遭其他国家货币汇率波动溢出风险的传染影响。

最后,从控制变量的影响来看,各控制变量均有在不同分位数对国际外汇市场风险传染产生不同程度的影响。其中,实际 GDP 增长率 gGDP 在25%和50%分位数对外汇市场风险溢出效应至少在10%水平下通过了负的显著性检验,而在三种分位数对外汇市场风险反向外溢效应(吸收效应)至少通过了5%水平下正的显著性检验,说明货币当局的经济增长率越高,其宏观经济运行状况越好,对于抵抗外汇市场风险传染的能力就越强。国际收支 BOP 对外汇市场风险溢出效应、吸收效应分别在50%与75%分位数和三种分位数处至少通过了10%水平下正、负显著性检验,表明经常账户逆差是造成外汇市场风险传染的重要原因之一,因为经常账户严重赤字会引起大量境外资本流入,一旦国内经济金融体系的稳定性发生意外,境外资本将大量抽逃,从而导致外汇市场发生风险传染。国际储备 M2_RSE 对外汇市场风险的溢出效应在 25% 和 75% 分位数通过了至少 1% 水平下正的显著性检验,反向外溢效应在三种不同分位数通过了至少 1% 水平下负的显著性检验,说明越高的国际储备对外汇市场风险传染具有促进作用,这可能是由于美元储备作为货币当局的主要国际储备,国际储备越大对官方货币带来升值压力加上美元汇率的持续下降,会增加储备资产的贬值风险和管理的窘境,为了改善国际储备货币结构而抛售美元,必然导致美元汇率发生较大波动,引发国际外汇市场风险传染。此外,国内信贷 CREDIT_GDP、外债 DEBT_GDP、通货膨胀 Inflation 和外汇市场风险的溢出效应和反向外溢效应(吸收效应)在不同的分位数均存在至少 10% 水平下的显著正和负相关,表明这些变量水平的提高都会增加国际外汇市场风险的传染,意味着稳定的宏观经济和稳健的金融体系有利于维护汇率稳定、降低外汇市场风险的发生。

7.3.2 外汇市场风险传染机制的稳健性检验

基于面板分位数回归估计结果有效性的考虑,笔者借鉴已有文献的相关做法,采用滞后一期、分时段及改变回归方法三种措施进行稳健性检验。

1. 滞后一期回归的稳健性分析

对各个变量进行滞后一期,而后进行面板分位数回归,具体估计结果见表 7.3。从表 7.3 中可以看出,核心解释变量汇率制度 EXRS 和资本开放程度 KAOPEN 在不同分位数对国际外汇市场的风险溢出效应和反向外溢效应至少在 1% 水平下均通过了显著性检验,影响的程度和方向与上文相吻合。与此同时,各个控制变量在滞后一期后对外汇市场风险传染的影响也表现出与前文基本一致的情况。这表明采用面板分位数回归具有良好的稳健性。

表 7.3 滞后一期面板分位数回归结果

解释变量	OUTD(溢出效应)			IND(吸收效应)		
	25%分位数	50%分位数	75%分位数	25%分位数	50%分位数	75%分位数
EXRS	1.0877*** (0.3667)	1.4165*** (0.2651)	1.2794*** (0.3207)	-0.4609** (0.2217)	-0.5077*** (0.1933)	-0.2149 (0.2160)
KAOPEN	-1.8360*** (0.3503)	-0.9724*** (0.3631)	-0.7654*** (0.2588)	-0.3264 (0.3072)	0.5595*** (0.1847)	0.1431 (0.2328)
gGDP	-0.2736** (0.1222)	-0.2182** (0.1049)	-0.0557 (0.1122)	0.1861* (0.0974)	0.1809** (0.0734)	0.1922** (0.0854)
BOP	-0.0052 (0.0519)	-0.1139*** (0.0371)	-0.1133*** (0.0362)	0.0880*** (0.0317)	0.0950*** (0.0252)	0.0924*** (0.0293)

续表

解释变量	OUTD（溢出效应）			IND（吸收效应）		
	25%分位数	50%分位数	75%分位数	25%分位数	50%分位数	75%分位数
M2_RSE	0.0708***	0.0327***	0.0148	-0.0959***	-0.0710***	-0.0719***
	(0.0080)	(0.0100)	(0.0112)	(0.0200)	(0.0179)	(0.0120)
CREDIT_GDP	0.0217**	0.0038	0.0048	-0.0184**	-0.0002	0.0239**
	(0.0104)	(0.0113)	(0.0096)	(0.0088)	(0.0115)	(0.0105)
DEBT_GDP	0.0032	0.0076***	0.0054***	-0.0048**	-0.0065***	-0.0084***
	(0.0035)	(0.0026)	(0.0020)	(0.0020)	(0.0016)	(0.0018)
Inflation	0.3374***	0.2146*	0.1450	-0.2519*	-0.2538**	-0.0656
	(0.1121)	(0.1205)	(0.1252)	(0.1287)	(0.1282)	(0.1052)
Constant	7.7252***	14.1713**	18.8292**	19.0364**	21.4128**	21.1953**
	(1.7189)	(1.5502)	(1.2338)	(1.3582)	(1.2639)	(1.1419)
Pseudo R^2	0.2117	0.1279	0.1070	0.1454	0.1390	0.1131

注：*、**、***分别表示在10%、5%和1%显著性水平下拒绝原假设，括号内数据是对应系数的标准差。本章表格中的标识均为此含义。

2. 分时段回归的稳健性分析

根据美国次贷危机到欧债危机的发展历程，2007年9月美国次贷危机开始爆发蔓延，2009年5月美国经济开始复苏，标志着次贷危机基本结束。2009年10月希腊开始发生主权债务问题，并蔓延至欧洲其他国家，可以被认为是欧债危机爆发的起始时间。2013年12月爱尔兰退出欧债危机纾困机制，成为首个脱困国家，从而可以被认为是欧债危机的后危机阶段。在此之后，全球金融市场相对进入一个平稳发展时期。因此，选择将2013年作为分界点进行金融危机前后两个时段的面板分位数回归。

表7.4显示了以2013年作为分界点的分时段回归结果，表中上半部分为2013年以前的分位数回归，结果显示，各经济体货币当局汇率制度EXRS对外汇市场风险的传染与溢出效应在50%和75%分位数均显著为正，反向外溢效应在25%和75%分位数显著为负，即一国的汇率制度弹性越大，该国发生外汇市场风险传染的概率将越大。同时，资本账户开放KAOPEN对外汇市场风险的溢出效应在25%分位数和75%分位数显著为负，反向外溢效应在50%分位数显著为正，结果表明资本管制并不能对防范外汇市场风险传染起到显著性作用，反而很可能会加大风险传染的概率。表7.4中下半部分为2013年以后的回归，结果显示，汇率制度和资本账户开放的回归系数符号并未发生太大变化，但是与2013年之前回归结果相比，两个核心解释变量对外汇市场风险传染的影响更大。总的看来，无论样本的分段前后，各个控制变量对外汇市场风险的溢出和反向外溢效应影响都与前文估计结果基本一致。

表 7.4 分时段面板分位数回归结果

解释变量	2013 年及以前					
	OUTD(溢出效应)			IND(吸收效应)		
	25%分位数	50%分位数	75%分位数	25%分位数	50%分位数	75%分位数
EXRS	0.6074 (0.4030)	0.9440** (0.3846)	1.3328*** (0.3702)	−0.1244 (0.1649)	−0.2371 (0.2271)	−0.0366 (0.2989)
KAOPEN	−0.9779** (0.4685)	−0.6805 (0.4575)	−0.7511* (0.3886)	−0.3017 (0.2647)	0.5626** (0.2584)	−0.0710 (0.3350)
gGDP	−0.1269 (0.1215)	−0.0978 (0.1407)	0.0598 (0.1423)	0.1958* (0.1041)	0.1939*** (0.0743)	0.1629* (0.0884)
BOP	−0.1409* (0.0772)	−0.0908* (0.0465)	−0.0352 (0.0402)	0.0502 (0.0336)	0.1116*** (0.0306)	0.1150*** (0.0328)
M2_RSE	0.0710*** (0.0125)	0.0436*** (0.0128)	0.0274** (0.0135)	−0.1055*** (0.0326)	−0.0517** (0.0217)	−0.0572*** (0.0154)
CREDIT_GDP	0.0031 (0.0114)	−0.0118 (0.0119)	−0.0028 (0.0129)	−0.0142* (0.0082)	−0.0016 (0.0115)	0.0174 (0.0139)
DEBT_GDP	0.0083* (0.0046)	0.0063** (0.0030)	0.0027 (0.0021)	−0.0025 (0.0020)	−0.0066*** (0.0019)	−0.0086*** (0.0021)
Inflation	0.2041 (0.1552)	0.2404* (0.1292)	0.0611 (0.1549)	−0.2460** (0.1199)	−0.0272 (0.1429)	0.0268 (0.1111)
Constant	10.6385*** (2.0675)	15.9230*** (1.8033)	19.0083*** (1.6945)	18.0848*** (1.1760)	19.4483*** (1.4321)	20.3408*** (1.7082)
Pseudo R^2	0.1980	0.1060	0.0833	0.1731	0.1836	0.1150
解释变量	2013 年以后					
	OUTD(溢出效应)			IND(吸收效应)		
	25%分位数	50%分位数	75%分位数	25%分位数	50%分位数	75%分位数
EXRS	1.5958** (0.6505)	1.8671*** (0.4394)	1.6320*** (0.5390)	−0.8759** (0.3527)	−0.7414** (0.3439)	−0.3926 (0.3426)
KAOPEN	−2.0503** (0.8005)	−1.2958 (0.8396)	−1.2067** (0.4868)	1.1052** (0.5601)	−0.4449 (0.3625)	0.3601 (0.4635)
gGDP	−0.0479 (0.3307)	−0.3372 (0.2433)	−0.4770** (0.2217)	0.0514 (0.2935)	0.4108* (0.2379)	0.4484* (0.2307)
BOP	−0.0594 (0.0835)	−0.1449* (0.0765)	−0.1987*** (0.0654)	0.1967*** (0.0574)	0.1868*** (0.0455)	0.0624 (0.0605)
M2_RSE	0.0723*** (0.0133)	0.0343* (0.0184)	0.0186 (0.0177)	−0.0845*** (0.0184)	−0.0849*** (0.0202)	−0.0740*** (0.0266)
CREDIT_GDP	0.0282* (0.0149)	0.0176 (0.0178)	0.0296** (0.0144)	−0.0286 (0.0174)	0.0081 (0.0153)	0.0051 (0.0163)

续表

解释变量	2013 年以后					
	OUTD(溢出效应)			IND(吸收效应)		
	25%分位数	50%分位数	75%分位数	25%分位数	50%分位数	75%分位数
DEBT_GDP	0.0069 (0.0057)	0.0095* (0.0049)	0.0010** (0.0051)	−0.0115** (0.0049)	−0.0124*** (0.0032)	−0.0071* (0.0038)
Inflation	0.4495 (0.3171)	0.3928 (0.3179)	0.2902 (0.1984)	−0.5843** (0.2904)	−0.3299 (0.2350)	−0.3401 (0.2325)
Constant	5.2899** (2.3742)	11.7731*** (3.0985)	16.5819*** (2.1801)	22.9738*** (2.4045)	20.7935*** (1.9842)	23.7807*** (1.8118)
Pseudo R^2	0.2555	0.1870	0.1581	0.1731	0.1836	0.1136

3. 改变回归方法的稳健性分析

考虑到估计结果的可靠性,关于货币汇率面板模型效应回归,以往文献推荐选用混合效应回归模型,特别是变量中存在随时间仅发生微小变化的变量(汇率制度和资本账户开放等)时,认为混合效应模型可以较好地避免损失较多信息和误删此类制度性变量,因此,本书采用混合效应模型对面板分位数回归结论进行稳健性分析。表 7.5 列示了采用混合效应回归模型进行稳健性检验的估计结果,模型 1~4 中,模型 1 和模型 2 显示了汇率制度 EXRS 和资本账户开放 KAOPEN 对外汇市场风险溢出效应分别具有显著的正向和负向促进作用,模型 3 和模型 4 也显示了核心解释变量对外汇市场风险吸收效应分别具有负向和正向的显著作用;与此同时,各控制变量对外汇市场风险的溢出和吸收溢效应也通过了至少 10%的显著性检验,系数符合表现出与上文一致的特征,从而更加佐证了面板分位数估计结果的可靠性。

表 7.5 混合效应回归的稳健性检验

解释变量	OUTD(溢出效应)		IND(吸收效应)	
	模型 1	模型 2	模型 3	模型 4
EXRS	1.6069*** (0.1700)	1.3413*** (0.1791)	−0.7472*** (0.1433)	−0.3506** (0.1431)
KAOPEN	−1.2885*** (0.1971)	−1.2197*** (0.2179)	0.4213** (0.1661)	0.2530* (0.1740)
gGDP		−0.1338* (0.0800)		0.2256*** (0.0639)

续表

解释变量	OUTD(溢出效应)		IND(吸收效应)	
	模型1	模型2	模型3	模型4
BOP		−0.0464*		0.0684***
		(0.0261)		(0.0209)
M2_RSE		0.0417***		−0.0676***
		(0.0110)		(0.0088)
CREDIT_GDP		0.0130*		−0.0058
		(0.0073)		(0.0058)
DEBT_GDP		0.0031*		−0.0046***
		(0.0017)		(0.0013)
Inflation		0.3107***		−0.1961***
		(0.0737)		(0.0589)
Constant	14.6398***	12.8363***	20.1737***	20.4377***
	(0.6116)	(1.0232)	(0.5154)	(0.8172)
F值	155.79	216.34	30.16	154.33
Prob>F	0.0000	0.0000	0.0000	0.0000

本 章 小 结

(1) 国际外汇市场之间可以通过国际贸易、金融联系和净传染三个渠道发生金融风险溢出和传染效应。国际外汇市场之间整体表现出互通可达、相互关联的网络特征,网络中风险溢出效应大于吸收效应的22个货币主要为美元、人民币、俄罗斯卢布、印度卢比、沙特里亚尔、卡塔尔里亚尔、科威特第纳尔等,这些货币以对其他货币产生风险溢出效应为主,表现出自身的波动风险对其他货币具有相对较强的扩散能力和传染效应。其余外汇市场货币的风险溢出效应小于吸收效应,表现出自身货币汇率波动风险更多地被动受到传染影响,在全球外汇市场网络中处于相对次要地位。

(2) 面板分位数回归发现,汇率制度和资本账户开放对国际外汇市场风险传染具有重要影响作用。汇率制度对外汇市场风险传染的溢出效应在不同分位数显著为正、吸收效应在下四和中分位数显著为负,说明一国货币的汇率弹性越大、汇率制度市场化程度越高,该国货币受到其他国家货币汇率波动的风险传染效应将增大,反映了新兴市场和发展中国家为什么会惧怕放松汇率管制。

（3）资本账户开放对国际外汇市场风险传染的溢出效应在不同分位数显著为负、吸收效应在中分位数显著为正，说明资本管制并不能显著避免外汇市场风险传染，而且增强资本账户管制对外汇市场风险传染的防范作用收效甚微，反而会导致外汇市场风险传染概率上升。与此同时，经济增长、国际收支、国际储备、国内信贷、对外负债、通货膨胀等控制变量均有在不同分位数对全球外汇市场风险传染存在着不同程度的影响作用。

第 8 章 结论、启示和展望

在经济全球化和金融自由化的大背景下,随着市场经济体制的不断深化,加之互联网和电子信息通信等高科学技术的迅猛发展,世界各地的金融机构、金融服务、金融工具、金融产品等金融要素资源关联流动,已逐渐形成了多层次多元化的庞大市场体系,最终汇聚成不可分割的复杂网络体系。笔者以金融市场中的外汇市场为研究对象,对国际外汇市场之间的关联关系效应、关联驱动机制与关联的风险传染效应进行了研究,下面将对实证章节进行总结,随后进一步提出相对应的政策启示,最后对未来的研究进行展望。

8.1 主 要 结 论

本书基于统计理论与计量方法对 2006—2018 年国际外汇市场之间的关联关系效应与金融风险传染效应进行了研究,探究了国际外汇市场关联的复杂网络关系、网络结构特征、关联驱动机制及其之间的风险传染、溢出效应、传染机制,主要得出以下结论:

(1) 国际外汇市场之间存在显著的复杂关联有向网络关系,彼此之间互通可达、关联效应显著、关联关系中等偏下,各外汇市场之间的关联网络存在不同程度的冗余和叠加,随着时间阶段的发展,国际外汇市场关联网络存在不同的结构特征,关联关系和互动联系总体具有减弱的趋势,金融危机和极端风险对国际外汇市场关联性变化影响显著,使得关联网络的稳定性降低、等级结构显现、关联紧密性下降。

(2) 美国外汇市场、新兴国家外汇市场及亚洲石油国家外汇市场以发出关联联系为主,在关联网络中相对处于中心位置,并表现出自身的波动变化对其他国家外汇市场具有相对较强的扩散能力和影响程度。中国外汇市场发出或接收的关联联系分布具有一定的非对称性,主要与地缘相近的发展中国家与 SDR 货币篮子国家的外汇市场发生联系为主,在外汇市场中的关联联系呈现出较为明显的区域化特征,而且在不同阶段中,这种区域化趋势日益明显。

(3) 国际外汇市场关联网络被划分为四个不同块模型聚集板块,各外汇市场在各板块中具有显著的区域化特征,表现出较强的地理聚集性,并在一定程度上刻画了金融危机和不确定性极端事件下的货币空间分布格局。各外汇市场及其聚集的各板块在关联网络中具有不同的地位、作用和角色,但美国次贷危机爆发后和随后发生的一系列影响金融市场稳定的极端事件,使得各板块在国际外汇市场关联网络中所扮演的角色发生了变化。各外汇市场及各板块之间相互影响、相互作用、互通可达,彼此间既可直接关联联动,也可通过经纪人板块和双向溢出板块的间接传递而实现关联联动。

(4) 国际外汇市场最小生成树和分层结构树中各外汇市场之间具有显著的区域化聚集特征,彼此间及其聚集的板块间以直接或间接的方式关联互通,并在不同阶段扮演不同的角色。在金融危机爆发时,国际外汇市场最小生成树网络变得更加稀疏,网络的结构性与稳定性也变得更差,中国股灾对国际外汇市场关联网络结构具有一定的冲击影响,随后"逆全球化"浪潮的趋势日益明显和不确定极端事件的频发,使得关联网络的结构性和稳定性进一步下滑。这些得出的关联现象和网络拓扑结构特征都与复杂有向网络分析结论基本吻合,说明国际外汇市场复杂网络分析具有良好的稳健性。

(5) 国际外汇市场之间主要通过贸易关联和金融风险传染关联进行传导联动,并由不同国家或地区之间的货币汇率的关联变化来驱动国际外汇市场发生不同程度的关联联动。国际外汇市场的关联产生与国际贸易水平、股票市场波动、利率变化、技术创新和货币供给等差异性存在着显著的关联关系,这些变量指标的差异促进了资本流、资金流和技术流等"流体资源"在世界各国或地区之间发生流动,从而对国际外汇市场的关联产生了不同程度的驱动作用。

(6) 国际外汇市场表现出高风险、自相关性和波动率聚集特征,美国外汇市场对其他(中国、欧元、日本、英国)四个外汇市场存在不同程度的显著性风险传染和溢出效应,其他两两外汇市场之间不存在显著的极端风险传染和溢出效应。次贷危机发生前(中),美国外汇市场向(受到)中国外汇市场单向传染金融风险现象,美欧、美日及美英外汇市场之间在次贷危机爆发时存在显著的风险传染和溢出效应。欧债危机爆发,欧日、欧英外汇市场之间存在显著的风险传染和溢出效应,美国外汇市场对欧元外汇市场也具有显著的金融传染和溢出效应。中国股灾引发的金融风险传染有限,仅对美国外汇市场产生了微弱的风险传染和溢出效应,但一系列极端事件的频发,引发了欧元、英国和美国外汇市场对中国外汇市场的风险传染和溢出。国际外汇市场之间的风险传染路径和渠道主要是通过国际贸易、金融联系及净传染进行。

(7) 国际外汇市场的风险溢出效应大于吸收效应的22个货币主要为美元、人民币、俄罗斯卢布、印度卢比、沙特里亚尔、卡塔尔里亚尔、科威特第纳尔等,这些货币以对其他货币产生风险溢出效应为主,表现出自身的波动风险对其他货币具有相对较强的扩散能力和传染效应。其余外汇市场货币的风险溢出效应小于吸收效应,表现出自身货币汇率波动风险更多地是被动受到传染影响。

(8) 汇率制度和资本账户开放对国际外汇市场风险传染具有重要影响作用。汇率制度对外汇市场风险传染的溢出效应在不同分位数显著为正、吸收效应在中分位数显著为负,说明一国货币的汇率弹性越大、汇率制度市场化程度越高,该国货币受到其他国家货币汇率波动的风险传染效应将增大,反映了新兴市场和发展中国家为什么会惧怕放松汇率管制。资本账户开放对外汇市场风险传染的溢出效应在不同分位数显著为负、吸收效应在中分位数显著为正,说明资本管制并不能显著避免外汇市场风险传染,而且增强资本账户管制对外汇市场风险传染的防范作用收效甚微,反而会导致外汇市场风险传染概率上升。与此同时,经济增长、国际收支、国际储备、国内信贷、对外负债、通货膨胀等控制变量均有在不同分位数对国际外汇市场风险传染也存在不同程度的影响作用。

8.2 政策启示

本书提出的上述结论对各国防患金融风险传染及我国推进金融市场尤其是外汇市场体制改革具有重要的启示作用。

(1) 国际外汇市场之间的关联关系总体中等偏下,随着时间的发展,彼此之间的联系紧密性趋于下降,金融危机爆发和极端事件冲击使得网络稳定性和结构性相对更差,因此,需要提高国际外汇市场关联程度,提升外汇市场的有效性和配置效率。为此,应旗帜鲜明地反对地域保护主义,稳妥地推进市场化改革,利用好国际外汇市场的配置资金作用,注重国际贸易水平、股票市场波动、利率变化、技术创新和货币供给等差异性对国际外汇市场关联的驱动作用。但也应注意金融风险传染会给处于相互关联的外汇市场带来冲击破坏,应密切监测国际外汇市场关联效应的动态变化。

(2) 美国外汇市场、新兴国家外汇市场及亚洲石油国家外汇市场以发出关联联系为主,在关联网络中相对处于中心位置。为此,应重点关注网络中那些影响力较高的外汇市场货币,加强风险防控,防范协同性攻击和外汇汇率剧烈波动给整个外汇市场带来的危害和冲击。

(3) 国际外汇市场关联网络结构较为稳定,并聚集形成了四大板块,各板块相互连通并具有不同的地位、作用与角色。为此,在配置外汇资产时,应关注货币板块的聚集特征,进行跨板块分散资产配置,进而降低外汇风险。同时要更加注意各国货币所属的板块角色功能、分布状态和全球空间分布格局,警惕区域性或非区域性的金融风险传染冲击。

(4)中国外汇市场发出或接收的关联关系效应主要与全球金融中心国家、中东石油国家、新兴市场国家、地缘相近的发展中国家及 SDR 货币篮子国家外汇市场发生联系为主,中美外汇市场之间存在显著的风险传染和溢出效应,特别是近年来频发的一系列极端事件,引发了欧元、英国和美国外汇市场对中国外汇市场的风险传染。为此,我国在推进人民币汇率制度改革和加快人民币国际化进程的背景下,要更加注重外汇市场安全,防控外汇市场风险传染带来的冲击破坏。

第一,继续深入扎实推进供给侧结构性改革,筑牢外汇市场安全稳定的基础底线。加快我国经济结构和金融结构的调整步伐,深化金融体制改革,促进产业结构升级,加大科技创新力度,提升出口贸易质量,实现经济高质量发展,减少实体经济对美国的依赖,维护人民币汇率稳定和外汇市场安全。

第二,积极推进人民币国际化,但也要注重国际化带来的挑战和风险。由于我国人民币和亚洲石油国货币的关联性强,而中国作为全球第一大石油消耗国,有利于推动石油贸易人民币结算,进而对人民币国际化进程具有较大的助推作用。但是当今石油贸易结算货币直接与美元挂钩,中美外汇市场之间关联性强和具有显著的风险传染和溢出效应,从而应注重能源消费结构的调整,推动新能源技术发展创新,逐步减少石化能源对我国经济发展的影响,尤其要防控国际油价(美元)波动风险冲击我国外汇市场,引发人民币汇率波动。

第三,稳步推进人民币汇率制度改革,谨慎有序地开放外汇市场。推进人民币汇率制度改革和外汇市场开放是人民币国际化的必然要求,在外汇市场国际关联紧密的全球市场中,我国人民币已成功进入 SDR 货币篮子,这有助于促进对外经贸合作的进一步加深,提高全球大宗商品贸易的定价权,促进人民币国际化进程的加快。但是这也势必会挤压美元的国际化空间,当前美元仍然是世界主导货币,汇率战已成为全球政治经济博弈的重要手段。因此,为了规避外汇市场改革和开放面临的挑战,应在夯实人民币长期向好稳定的基础上,继续深化金融体制改革,改革完善人民币汇率形成机制,充分借鉴国际发达国家现有的成功经验及教训,逐步形成符合我国国情和有效的人民币汇率形成机制,提升人民币国际贸易结算频率,谨慎有序地推进外汇市场开放。

第四,完善外汇市场风险预警系统,提升防范外汇市场风险传染的能力。国际外汇市场之间存在相互关联,美元与人民币之间联系紧密,并具有显著的风险传染和溢出效应。为此,要加强外汇储备管理,重点监测跨境美元的流动情况,区别限制投资性资本流动。强化金融传染预警,有针对性地实时分析国际外汇市场的金融风险,准确识别外部潜在风险及其传染渠道,制定相应风险的对策方案和措施,采取人民币汇率波动幅度容忍度原则,制定应对金融风险的干预标准,建立和完善金融传染监管的国际合作机制,尽量减少甚至消除金融风险对我国外汇市场可能产生的冲击破坏。

第五,增强商业银行外汇市场风险防范意识,提升外汇市场风险传染的监控能力,完善风险管理制度。鉴于我国金融体系是以商业银行业为主的金融架构,在人民币汇改和国际化日益深入的背景下,商业银行参与国际外汇业务愈发频繁,外汇市场货币汇率的风险波动必将严重影响商业银行抵御汇率风险的能力。为此,商业银行要增强外汇市场风险的防范意识和鉴别能力,构建外汇市场风险的测度评价体系,加强外汇市场风险的内部控制审计,适当运用金融工具对冲潜在风险,提升外汇市场风险传染的监控防范能力,完善自身风险管理制度。

(5) 在制定本国汇率制度时,政府要避免信任不管什么时候或情况下汇率弹性越大越好的观点,特别是当遇到宏观经济基本面恶化或负向外部冲击时,汇率制度弹性的突然增大,若改变本来相对较为固定的汇率制度,很有可能会被外界理解为自己汇率制度较为脆弱,导致发生货币投机性攻击,造成出现汇率贬值与投机冲击的恶性循环,最终产生外汇市场风险甚至货币危机。因此,我国在推进人民币汇率制度市场化过程中,应稳妥地选择汇率改革的时机窗口,及时对人民币外汇市场进行审慎监管、恰当干预与预期引导,避免过度放纵人民币汇率完全自由过度波动,使人民币汇率在合理水平上稳定运行,防范外汇市场风险冲击。

(6) 实证发现增强资本账户管制对国际外汇市场风险传染的防范作用收效甚微,反而会导致外汇风险传染的概率上升。鉴于中国金融体制改革仍在推进,加上中美贸易摩擦加剧、国内金融去杠杆引起本身脆弱性上升等情况,因而在做好市场预期管理的同时,应采取循序渐进的方式推进中国资本账户开放。从我国金融发展的长期来看,资本账户开放是金融市场化改革的重要目标之一,改革的成本对整体金融改革的意义重大,如果资本账户轻易放开或者开放过快,国际外汇市场风险就很有可能通过资本项目渠道传染到我国,使得人民币汇率出现异常波动,引起国家外汇储备外流,造成国内出现流动性问题,使得我国金融市场的稳定性遭到破坏,甚至可能会危及宏观经济的平稳发展。

8.3 展　　望

国际外汇市场关联及其风险传染效应研究是一个较为庞大且复杂的课题,笔者把选题的切入点聚焦在外汇市场之间的关联关系测度和风险传染效应的检验、测度以及传染影响机制的分析上,但本书还尚存对一些问题的研究不够深入,未来对一些章节值得进一步凝结、补充和完善的地方,具体主要表现在以下几个方面:

(1) 研究中仅采用了日频率的数据进行模拟建模,随着计算机存储能力的不断飞跃,获取高频率数据已成为可能,未来可以对不同频率下的外汇市场关联关系与金融传染进行研究,配以恰当的研究方法,比较分析高频序列之间、低频序列之间或高频与低频序列之间的差异性,从而挖掘出更为丰富的信息。

(2) 在研究外汇市场跨境关联的风险传染中所采用的是对称性的多元多分位数条件自回归风险价值模型,该模型认为市场的正负向冲击对风险价值的影响作用相同,没有考虑现实外汇市场中存在的杠杆效应会导致正负向市场冲击对国际外汇市场风险价值的不同影响,未来可以考虑正负向冲击的非对称性,运用非对称性方法挖掘出更为丰富的尾部风险价值信息。

(3) 限于篇幅,研究中没有进一步建立国际外汇市场的风险传染预警机制,后期研究可以考虑对两两外汇市场之间设定传染系数阈值,并进行实时监测,当传染系数接近设定的阈值时,相关预警机制就会启动,从而减少风险传播和降低风险冲击,当然这也是一个非常艰巨的任务。

参 考 文 献

[1] 梁芹,陆静.国际金融危机期间的汇率风险传染效应研究[J].当代经济科学,2013(2):1-10.

[2] Mantegna R N. Hierarchical structure in financial markets[J]. The European Physical Journal B,1999,1(1):193-197.

[3] Mcdonald M, Suleman O, Williams S, et al. Detecting a currency's dominance or dependence using foreign exchange network trees[J]. Physical Review E,2005,72(4):46-106.

[4] Mizuno T, Takayasub H, Takayasu M. Correlation networks among currencies[J]. Physica A:Statistical Mechanics and Its Applications,2006(364):336-342.

[5] Jang W, Lee J, Chang W. Currency crises and the evolution of foreign exchange market:Evidence from minimum spanning tree[J]. Physica A:Statistical Mechanics and its Applications,2011,390(4):707-718.

[6] Wang G J, Xie C, Han F, et al. Similarity measure and topology evolution of foreign exchange markets using dynamic time warping method:Evidence from minimal spanning tree[J]. Physica A:Statistical Mechanics and its Applications,2012,391(16):4136-4146.

[7] Wang G J, Xie C, Chen Y J, et al. Statistical properties of the foreign exchange network at different time scales:Evidence from detrended cross-correlation coefficient and minimum spanning tree[J]. Entropy,2013,15(5):1643-1662.

[8] Matesanz D, Ortega G J. Network analysis of exchange data:Interdependence drives crisis contagion[J]. Quality & Quantity, 2014, 48(4):1835-1851.

[9] Naylor M J, Rose L C, Moyle B J. Topology of foreign exchange markets using hierarchical structure methods[J]. Physica A:Statistical Mechanics and its Applications, 2007,382(1):199-208.

[10] Kwapień J, Gworek S, Drozdz S. Structure and evolution of the foreign exchange networks[J]. Acta Physica Polonica,2009,40(1):175-194.

[11] Keskin M, Deviren B, Kocakaplan Y. Topology of the correlation networks among major currencies using hierarchical structure methods [J]. Physica A: Statistical Mechanics and its Applications,2011,390(4):719-730.

[12] Kwapień J, Gworek S, Drożdż S, et al. Analysis of a network structure of the foreign currency exchange market[J].Journal of Economic Interaction and Coordination,2010, 4(1):55-72.

[13] Yao C Z, Lin J N, Zheng X Z, et al. The Study of RMB Exchange Rate Complex Networks Based on Fluctuation Mode[J]. Physica A:Statistical Mechanics and its

[14] Wang G J, Xie C. Tail dependence structure of the foreign exchange market: A network view[J]. Expert Systems with Applications, 2016, 46: 164-179.

[15] Cao G X, Zhang Q, Li Q C. Causal relationship between the global foreign exchange market based on complex networks and entropy theory[J]. Chaos, Solitons & Fractals, 2017, 99: 36-44.

[16] 王莹. 全球外汇市场网络结构、货币影响力与货币社区[J]. 世界经济研究, 2018, (2): 38-51.

[17] Mai Y, Chen H, Zou J Z, et al. Currency co-movement and network correlation structure of foreign exchange market[J]. Physica A: Statistical Mechanics and its Applications, 2018, 492: 65-74.

[18] Ortega G J, Matesanz D. Cross-country hierarchical structure and currency crises[J]. International Journal of Modern Physics C, 2006, 17(3): 333-341.

[19] Kocakaplan Y, Deviren B, Keskin M. Hierarchical structures of correlations networks among Turkey's exports and imports by currencies[J]. Physica A: Statistical Mechanics and its Applications, 2012, 391(24): 6509-6518.

[20] Wang G J, Xie C, Zhang P, et al. Dynamics of foreign exchange networks: A time-varying copula approach[J]. Discrete Dynamics in Nature and Society, 2014, (17): 9-21.

[21] King E. A comparative survey of education systems: structure, organization and development in the challenge of a changing context[J]. Journal of Education Finance, 1990, 15(4): 445-455.

[22] Allen F, Gale D. Financial contagion[J]. Journal of Political Economy, 2000, 108(1): 1-33.

[23] 郑庆寰. 跨市场金融风险的传递机制研究: 基于美国次级贷款危机的分析[J]. 南方金融, 2008, (3): 5-9.

[24] 张磊. 基本面关联还是市场恐慌？金融危机跨国传染渠道的文献综述及其警示[J]. 经济社会体制比较, 2013, (3): 237-246.

[25] 张华勇. 金融市场联动性和风险传染的内在机制研究[J]. 云南社会科学, 2014, (4): 81-84.

[26] Connolly M B, Taylor D. The exact timing of the collapse of an exchange rate regime and its impact on the relative price of traded goods[J]. Journal of Money, Credit and Banking, 1984, 16(2): 194-207.

[27] Corsetti G, Pesenti P, Roubini N. What caused the Asian currency and financial crisis?[J]. Japan and the world economy, 1999, 11(3): 305-373.

[28] Dornbusch R, Park Y C, Claessens S. Contagion: Understanding How it spreads[J]. The World Bank Research Observer, 2000, 15(2): 177-197.

[29] King M A, Wadhwani S. Transmission of volatility between stock markets[J]. Review of Financial Studies, 1990, 3(1): 5-33.

[30] Chevapatrakul T, Tee K H. The effects of news events on market contagion: Evidence from the 2007~2009 financial crisis[J]. Research in International Business and Finance, 2014, 32: 83-105.

[31] 叶五一, 李飞, 缪柏其. 基于局部相关系数的美国次贷危机传染分析[J]. 数理统计与管理, 2016, (3): 525-535.

[32] Calvo S, Reinhart C. Capital flows to Latin America: Is there evidence of contagion effects?[J]. Policy Research Working Paper, 1996: 1-33.

[33] Forbes K J, Rigobon R. No contagion, only interdependence: Measuring stock market co-movement[J]. Journal of Finance, 2002, (57): 2223-2261.

[34] 郭立甫, 高铁梅, 姚坚. 基于Copula函数和极值理论的金融传染度量: 测度美国次贷危机对重要经济体的传染效应[J]. 数学的实践与认识, 2013, (3): 43-55.

[35] Chiang T C, Jean B N, Li H. Dynamic correlation analysis of financial contagion: Evidence from Asian markets[J]. Journal of International Money and Finance, 2007, 26(7): 1206-1228.

[36] Lopes J M, Nunes L C. A Markov regime switching model of crises and contagion: the case of the Iberian countries in the EMS[J]. Journal of Macroeconomics, 2012, 34(4): 1141-1153.

[37] 李堪. 欧洲主权债务危机传染效应研究: 基于时变Copula方法[J]. 世界经济与政治论坛, 2013, (4): 93-110.

[38] 叶五一, 李飞, 缪柏其. 基于非参数时变Copula模型的关网次贷危机传染分析[J]. 管理评论, 2014, 21(2): 151-158.

[39] 万蕤叶, 陆静. 金融危机期间汇率风险传染研究[J]. 管理科学学报, 2018, 21(6): 12-28.

[40] Adrian T, Brunnermeier M K. CoVaR[R]. New York: Federal Reserve Bank of New York, 2011, (348): 1-45.

[41] 刘晓星, 段斌, 谢福座. 股票市场风险溢出效应研究: 基于EVT-Copula-CoVaR模型的分析[J]. 世界经济, 2011, (11): 145-159.

[42] Huang X, Zhou H, Zhu H B. Systemic risk contributions[J]. Journal of Financial Services Research, 2012, 42(2): 55-83.

[43] Giulio G, Tolga-Ergün A. Systemic risk measurement: Multivariate GARCH estimation of CoVaR[J]. Journal of Banking & Finance, 2013, 37(8): 3169-3180.

[44] Drakos A A, Kouretas G P. Bank ownership, financial segments and the measurement of systemic risk: An application of CoVaR[J]. International Review of Economics & Finance, 2015, 40: 127-140.

[45] 方立兵, 刘海飞, 李心丹. 比较"金砖五国"股票市场的系统重要性: 基于危机传染的证据[J]. 国际金融研究, 2015, (3): 64-75.

[46] Lin E M H, Sun E W, Yu M T. Systemic risk, financial markets, and performance of financial institutions[J]. Annals of Operations Research, 2018, 262: 579-603.

[47] Reboredo J C, Ugolini A. Downside/upside price spillovers between precious metals: A

vine Copula approach[J]. North American Journal of Economics and Finance,2015,34(11):84-102.

[48] Mensi W, Hammoudeh S, Shahzad S J H, et al. Modeling systemic risk and dependence structure between oil and stock markets using a variational mode decomposition-based Copula method[J]. Journal of Banking & Finance,2017,75(2):258-279.

[49] Koenker R, Bassett G J. Regression quantiles[J]. Econometrica.1978,46(1):33-50.

[50] Engle R F, Manganelli S. CAViaR: Conditional autoregressive value at risk by regression quantiles[J]. Journal of Business & Economic Statistics.2004,22(4):367-381.

[51] White H, Kim T H, Manganelli S. VaR for VaR: Measuring tail dependence using multivariate regression quantiles[J]. Journal of Econometrics.2015,187(1):169-188.

[52] 郝毅,梁琪,李政.境内外人民币外汇市场极端风险溢出研究[J].国际金融研究,2017(9):76-85.

[53] 曾裕峰,温湖炜,陈学彬.股市互联、尾部风险传染与系统重要性市场:基于多元分位数回归模型的分析[J].国际金融研究.2017,(9):86-96.

[54] 李政,郝毅,袁瑾.在岸离岸人民币利率极端风险溢出研究[J].统计研究,2018,35(2):29-39.

[55] Wu S D. The financial contagion between the Chinese stock market and bond market: Based on MVMQ-CAViaR mode [J]. International Journal of Business and Social Science,2018,9(1):168-173.

[56] Wen D Y, Wang G J, Ma C Q, et al. Risk spillovers between oil and stock markets: A VaR for VaR analysis[J]. Energy Economics,2019,80(5):524-535.

[57] 刘静一.人民币在岸与离岸市场汇率极端风险溢出研究[J].金融与经济,2019(11):23-29.

[58] Keskin M, Deviren B, Kocakaplan Y. Topology of the Correlation Networks among Major Currencies Using Hierarchical Structure Methods [J]. Physica A: Statistical Mechanics & Its Applications, 2011(4): 719-730.

[59] 潘雪艳,蔡光辉,刘顺祥.基于尾指数方法的外汇市场风险度量研究:以美元、港币、日元和欧元对人民币汇率为例[J].安徽师范大学学报(人文社会科学版),2015,43(5):558-563.

[60] 万蕤叶,陆静.金融危机期间汇率风险传染研究[J].管理科学学报,2018(6):12-28.

[61] 方意,贾妍妍.新冠肺炎疫情冲击下全球外汇市场风险传染与中国金融风险防控[J].当代经济科学,2021,43(2):1-15.

[62] Prasad E, Rumbaug T, Wang Q. Putting the cart before the horse? capital account liberalization and exchange rate flexibility in China[J]. China & World Economy, 2005, 13(04):3-20.

[63] Erten B, Ocampo J A. Capital account regulations, foreign exchange pressure, and crisis resilience[J]. Initiative for Policy Dialogue Working Paper Series, 2013.

[64] Akram G M, Byrne J P. Foreign exchange market pressure and capital controls[J].

Journal of International Financial Markets, Institutions and Money, 2015, 37: 42-53.

[65] 程惠芳,朱一鸣,潘奇,等.中国的资本账户开放、汇率制度改革与货币危机风险[J].国际贸易问题,2016(11):165-176.

[66] 赵茜.资本账户开放、汇率市场化改革与外汇市场风险:基于外汇市场压力视角的理论与实证研究[J].国际金融研究,2018(07):86-96.

[67] Erten B, Ocampo J A. Building a stable and equitable global monetary system[R]. DESA Working Papers, 2012(118).

[68] 蔡彤娟,陈丽雪.人民币与东亚国家货币汇率动态联动研究:基于VAR-MVGARCH-BEKK模型的实证分析[J].亚太经济,2016(5):23-29.

[69] 何启志.新常态背景下汇率市场化改革与汇率波动性研究[J].国际金融研究,2017(3):67-76.

[70] 陈小五.中国外汇市场的培育与管理[D].上海:复旦大学,2005.

[71] 张琪.基于复杂网络和熵的全球外汇市场间的因果关系研究[D].南京:南京信息工程大学,2017.

[72] 王纲金.金融市场互相关性度量方法及其实证研究[D].长沙:湖南大学,2014.

[73] Malevergne Y, Sornette D. Testing the gaussian copula hypothesis for financial assets dependence[J]. Quantitative Finance, 2003, 3(4):231-250.

[74] 吴炳辉,何建敏.开放经济条件下金融风险国际传染的研究综述[J].经济社会体制比较,2014,(2):87-96.

[75] 王献东,何建敏.金融市场间的风险传染研究文献综述[J].上海金融,2016,(7):50-58.

[76] Pericoli M, Sbracia M. A primer on financial contagion[J]. Journal of Economic Surveys, 2003, 17(4):571-608.

[77] 吴山丹.基于分位数回归的中国金融市场传染效应的研究[D].北京:中央财经大学,2018.

[78] 刘晓东.中国金融市场系统性风险及其传导机制研究:基于复杂网络理论[D].武汉:华中科技大学,2014.

[79] Prim R C. Shortest connection networks and some generalizations[J]. Bell System Technical Journal, 1957, 36(6):1389-1401.

[80] Kruskal, Joseph B. On the shortest spanning subtree of a graph and the traveling salesman problem[J]. Proceedings of the American Mathematical Society, 1956, 7(1):48-50.

[81] 黄玮强,庄新田,姚爽.中国股票关联网络拓扑性质与聚类结构分析[J].管理科学,2008,21(3):94-103.

[82] Tumminello M, Aste T, Matteo T D, et al. A tool for filtering information in complex systems[J]. Proceedings of the National Academy of Sciences of the United States of America, 2005, 102(30):10421-10426.

[83] Onnela J P, Kaski K, Kertész J. Clustering and information in correlation based financial networks[J]. The European Physical Journal B, 2004, 38(2):353-362

[84] Boginski V, Butenko S, Pardalos P M. Statistical analysis of financial networks[J]. Computational Statistics & Data Analysis,2005,48(2):431-443

[85] 王达.基于金融市场联动视角的金融风险国际传染效应研究[D].长沙:湖南大学,2017.

[86] Krugman P R. A model of balance of payments crisis[J]. Journal of Money, Credit and Banking.1979,11(3):311-325.

[87] Obstfeld M. The logic of currency crises[J]. Monetary and Fiscal Policy in an Integrated Europe,1994,(6):62-90.

[88] Boschi M, Goenka A. Relative risk aversion and the transmission of financial crisis[J]. Journal of Economic Dynamics and Control,2012,36(1):85-99.

[89] Eichengreen B, Rose A K, Wyplosz C. Contagious currency crises: First tests[J]. Scandinavian Journal of Economics,1996,98(4):463-484.

[90] Goldfajn B I. Financial market contagion in the Asian crisis[J]. IMF Economic Review,1999,46(2):167-195.

[91] Tola V, Lillo F, Gallegati M, et al. Cluster analysis for portfolio optimization[J]. Journal of Economic Dynamics and Control,2008,32(1):235-258.

[92] Spelta A, Araújo T. The topology of cross-border exposures: beyond the minimal spanning tree approach[J]. Physica A:Statistical Mechanics and Its Applications,2012, 391(22):5572-5583.

[93] 陈梦根,赵雨涵.中国银行业跨境联系的测度与分析:兼论国际银行业网络结构的动态特征[J].经济研究,2019,54(4):49-66.

[94] 王营,曹廷求.中国区域性金融风险的空间关联及其传染效应:基于社会网络分析法[J].金融经济学研究,2017,32(3):46-55.

[95] 宋旭光,赵雨涵.中国区域创新空间关联及其影响因素研究[J].数量经济技术经济研究, 2018,35(7):22-40.

[96] 方大春,魏巍.中国农村贫困人口的空间关联网络结构特征及其影响因素研究[J].统计与信息论坛,2017,32(12):52-57.

[97] Freeman L C, Roeder D, Mulholland R R. Centrality in social networks: II. experimental results[J]. Social Networks,1980,2(2):119-141.

[98] White H C, Boorman S A, Breiger R L. Social structure from multiple networks: I. block models of roles and positions[J]. American Journal of Sociology,1976,81(4):730-780.

[99] Keskin M, Deviren B, Kocakaplan Y. Topology of the correlation networks among major currencies using hierarchical structure methods[J]. Physica A: Statistical Mechanics and Its Applications,2011,390(4):719-730.

[100] Frankel J A, Wei S J. Assessing China's exchange rate regime[J]. Economic Policy, 2007,22(51):575-627.

[101] Wang X, Pedrycz W, Gacek A, et al. From numeric data to information granules: A design through clustering and the principle of justifiable granularity[J]. Knowledge-

Based Systems,2016,101(1):100-113.

[102] Balamash A, Pedrycz W, Al-Hmouz R, et al. Perspective-oriented data analysis through the development of information granules of order[J]. International Journal of Approximate Reasoning,2017,85:97-106.

[103] 谢赤,边慧东,王纲金.牛熊市视角下股票关联网络动态拓扑结构研究:以上证50指数为例[J].复杂系统与复杂性科学,2017,14(1):66-74.

[104] 秦春雷,张巍,朱艳春.金融危机下证券市场网络结构演化的实证分析[J].商业研究,2015(455):98-103.

[105] 张骥,龙海明.基于系统性风险背景的证券市场网络动态演化[J].求索,2017(4):110-116.

[106] Papapetrou P, Athitsos V, Potamias M, et al. Embedding-based subsequence matching in time-series databases[J]. ACM Transactions on Database Systems,2011,36(3):1-39.

[107] Casacuberta F, Vidal E, Rulot H. On the metric properties of dynamic warping[J]. IEEE Transactions on Acoustics Speech and Signal Processing,1987,35(11):1631-1633.

[108] 黄飞雪,谷静,李延喜,等.金融危机前后的金融主要股指联动与动态稳定性比较[J].系统工程理论与实践,2010,30(10):1729-1740.

[109] Onnela J P, Chakraborti A, Kaski K, et al. Dynamics of market correlations: taxonomy and portfolio analysis[J]. Physical Review. E, Statistical, Nonlinear, and Soft Matter Physic,2003,68:56-110.

[110] Onnela J P, Chakraborti A, Kaski K, et al. Dynamic asset trees and portfolio analysis[J]. The European Physical Journal B,2002,30(3):285-288.

[111] 熊正德,文慧,凌语蓉.基于时频分析的农产品期货市场与外汇市场联动关系研究[J].中国管理科学,2013,21(S1):255-263.

[112] 李成,张琦,李文乐.汇改后中国外汇市场与资本市场联动效应:基于集合经验模态分解法[J].北京理工大学学报(社会科学版),2016,18(2):64-70.

[113] 杨光.我国股票市场与外汇市场联动效应研究[J].金融理论与实践,2016(10):82-87.

[114] 张涤新,眭以宁,丁乙.境内和离岸人民币外汇市场价格传导和波动溢出效应[J].审计与经济研究,2017,32(4):105-116.

[115] 姚文宽,李维.人民币国际化背景下资本跨境流动对在岸汇率影响的实证分析[J].商业经济研究,2017(19):162-165.

[116] 钟永红,王其发.我国金融市场动态关联性研究:基于货币市场、股票市场、外汇市场日度数据的实证分析[J].价格理论与实践,2015(10):96-98.

[117] 余博,管超,戴淑庚.海峡两岸及香港地区金融市场联动研究:基于六元非对称VAR-BEKK-MVGARCH模型[J].亚太经济,2019(4):136-142.

[118] 周先平,李标.境内外人民币即期汇率的联动关系:基于VAR-MVGARCH的实证分析[J].国际金融研究,2013(5):4-14.

[119] 丁剑平,陆长荣,蔚立柱.人民币在岸与离岸汇率联动的新特征:基于成交量功能的讨论[J].上海金融,2018(8):1-9.

[120] 孙杰.银行间外汇市场的创新[J].中国金融,2014(7):71-73.

[121] 于震,徐晓妹."次贷危机"后中美金融市场联动性更强了吗[J].经济学家,2014(9):87-95.

[122] 谢磊,田庄,曾小刚.我国外汇市场、货币市场和资本市场的联动性研究[J].商业时代,2011(24):49-50.

[123] 李岸."中心—外围"结构下中国股市国际联动性研究[D].长沙:湖南大学,2017.

[124] 陈明华,刘华军,孙亚男,等.城市房价联动的网络结构特征及其影响因素:基于中国69个大中城市月度数据的经验考察[J].南方经济,2016(1):71-88.

[125] 许冠南,潘美娟,周源.基于QAP分析的国际知识流动影响要素研究:以光伏产业为例[J].科学学与科学技术管理,2016,37(10):49-62.

[126] 刘小瑜,余海华.中国省际绿色发展的空间关联及溢出效应[J].江西财经大学学报,2020(3):14-24.

[127] 盛广耀.中国省际人口流动网络的演化及其解释[J].中国人口·资源与环境,2018,28(11):1-9.

[128] 刘军.QAP:测量"关系"之间关系的一种方法[J].社会,2007(4):164-174,209.

[129] 刘兰剑,葛贝贝.创新效率视角下高技术产业空间关联网络及其影响因素研究[J].研究与发展管理,2019,31(6):37-49.

[130] 曾裕峰,简志宏,彭伟.中国金融业不同板块间风险传导的非对称性研究:基于非对称MVMQ-CAViaR模型的实证分析[J].中国管理科学,2017,25(8):58-67.

[131] 何红霞,武志胜,吕洋.黄金市场与股票市场的尾部风险相关性研究:基于MVMQ-CAViaR模型的实证分析[J].当代金融研究,2019(4):89-100.

[132] 陈学彬,曾裕峰.中美股票市场和债券市场联动效应的比较研究:基于尾部风险溢出的视角[J].经济管理,2016,38(7):1-13.

[133] 左月华,章茜,李东霞.中国股指期、现货市场极端风险溢出效应分析:基于高频MVMQ-CAViaR模型的实证研究[J].武汉金融,2019(7):51-57.

[134] 罗克兵.金融危机传染检验方法研究[D].合肥:中国科学技术大学,2016.

[135] 付肖行.中国金融系统尾部风险溢出效应研究[D].上海:上海师范大学,2019.

[136] Wong H T. Real exchange rate returns and real stock price returns[J]. International Review of Economics & Finance,2017,49(5):340-352.

[137] Tsai I C. The relationship between stock price index and exchange rate in Asian markets:A quantile regression approach[J]. Journal of International Financial Markets Institutions & Money,2012,22(3):609-621.

[138] Sui L,Sun L J. Spillover effects between exchange rates and stock prices:Evidence from BRICS around the recent global financial crisis[J]. Research in International Business & Finance,2016,36:459-471.

[139] Naresh G,Vasudevan G,Mahalakshmi S,et al. Spillover effect of US dollar on the stock indices of BRICS[J]. Research in International Business and Finance,2018,44:359-368.

参考文献

[140] 牟晓云,石柱鲜.国际金融危机对日本经济的主要影响因素分析:基于MIMIC模型的研究[J].东北亚论坛,2012(6):91-98.

[141] 叶青,韩立岩.金融危机传染渠道与机制研究:以次贷危机为例[J].系统工程理论与实践,2014,34(10):2483-2494.

[142] 程棵,陆凤彬,杨晓光.次贷危机传染渠道的空间计量[J].系统工程理论与实践,2012,32(3):483-494.

[131] 李立,田益祥,张高勋,等.空间权重矩阵构造及经济空间引力效应分析:以欧债危机为背景的实证检验[J].系统工程理论与实践,2015,35(8):1918-1927.

[143] Forbes K, Rigobon R. No contagion, only interdependence: Measuring stock markets co-movements[J]. The Journal of Finance, 2002, 57(5):2223-2261.

[144] 杜晓蓉,蔡云.美国金融危机对东亚新兴经济体的贸易传染渠道分析[J].南洋问题研究,2011(3):29-39.

[145] 刘湘云,陈洋阳.极端金融风险溢出效应的影响因素和机理分析[J].广东商学院学报,2012(9):77-83.

[146] Gerlach S, Smets F. Contagious speculative attack[J]. European Journal of Political Economy, 1995, 11(1):45-63.

[147] Perelstein J S. Macroeconomic imbalances in the United States and their impact on the international financial system[J]. The Levy Economics Institute of Brad College, Working Paper, 2009, (554):127-141.

[148] Goldfajn L, Valdes R O. Capital flows and the twin crises: The role of liquidity[J]. IMF Working Paper, 1997(87):1-33.

[149] 文凤华,杨鑫,龚旭,等.金融危机背景下中美投资者情绪传染性分析[J].系统工程理论与实践,2015,35(3):623-629.

[150] 刘思跃,梁鉴标.国际市场恐慌情绪传染分析与风险预警[J].商业研究,2016(3):59-68.

[151] 高研,张新雨,程棵,等.信息逐渐披露下的金融传染[J].管理科学学报,2014,17(3):3-14.

[152] Krugman P. A model of balance-of-payments crises[J]. Journal of Money Credit & Banking, 1979(3):311-325.

[153] Obstfeld M. Models of currency crises with self-fulfilling features[J]. European Economic Review, 1996, 40(3-5):1037-1047.

[154] Klein M W, Shambaugh J C. The dynamics of exchange rate regimes: fixes, floats, and flips[J]. Journal of International Economics, 2008, 75(1):70-92.

[155] Barajas, Adolfo, Lennart E, et al. Fear of declaring: do markets care what countries say about their exchange rate policies?[J]. IMF Staff Papers, 2008, 55(3):445-480.

[156] Ghosh A R, Ostry J D, Qureshi M S. Exchange Rate Management and Crisis Susceptibility: A Reassessment[J]. IMF Economic Review, 2015, 63(1):238-276.

[157] 张曙霄,戴永安.异质性、财政分权与城市经济增长:基于面板分位数回归模型的研究[J].金融研究,2012(1):103-115.

[158] Reinhart C M, Rogoff K S. The modern history of exchange rate arrangements: a reinterpretation[J]. Quarterly Journal of economics, 2004, 119(1): 1-48.

[159] Ilzetzki E, Reinhart C M, Rogoff K S. The country chronologies and background material to exchange rate arrangements into the 21st century: will the anchor currency hold? [J]. working paper, 2011(5):49.

[160] Kaminsky G. Currency crises: are they all the same? [J]. Journal of International Money & Finance, 2006(3): 503-527.

[161] Calvo G A, Reinhart C M. Fear of floating[J]. Quarterly Journal of Economics, 2002, 117(2): 379-408.

[162] 王道平, 范小云, 陈雷. 可置信政策、汇率制度与货币危机: 国际经验与人民币汇率市场化改革启示[J]. 经济研究, 2017, 52(12): 119-133.

[163] Glick R, Hutchison M. Capital controls and exchange Rate instability in developing economies[J]. Journal of International Money and Finance, 2005, 24(3): 387-412.